公路施工招投标与造价管理

柳　昆　符永茂　李少春 ◎著

吉林科学技术出版社

图书在版编目（CIP）数据

公路施工招投标与造价管理 / 柳昆，符永茂，李少春著. -- 长春：吉林科学技术出版社，2023.7
ISBN 978-7-5744-0753-4

Ⅰ. ①公… Ⅱ. ①柳… ②符… ③李… Ⅲ. ①道路工程－招标②道路工程－投标③道路工程－工程造价 Ⅳ. ①U415.13

中国国家版本馆 CIP 数据核字(2023)第 153189 号

公路施工招投标与造价管理

著　　　　柳　昆　符永茂　李少春
出 版 人　宛　霞
责任编辑　李永百
封面设计　金熙腾达
制　　版　金熙腾达
幅面尺寸　185mm×260mm
开　　本　16
字　　数　274 千字
印　　张　12
印　　数　1－1500 册
版　　次　2023年7月第1版
印　　次　2024年2月第1次印刷

出　　版　吉林科学技术出版社
发　　行　吉林科学技术出版社
地　　址　长春市福祉大路5788号
邮　　编　130118
发行部电话/传真　0431-81629529 81629530 81629531
　　　　　　　　　81629532 81629533 81629534
储运部电话　0431-86059116
编辑部电话　0431-81629518
印　　刷　三河市嵩川印刷有限公司

书　　号　ISBN 978-7-5744-0753-4
定　　价　70.00元

前　言

随着我国市场经济体制的建立和经济法规的逐步完善，公路建设的管理也纳入了法治化的轨道，公路工程中施工管理是公路工程管理的重要环节。经过多年的实践和总结，我国在公路工程的施工管理方面基本上形成了一套较为系统的理论、经验和方法，造就了一支庞大的工程项目管理队伍，建成了一大批工程项目管理成功的公路项目，为我国的公路建设做出了巨大贡献。

公路工程施工项目属于一次性工程，其特点是规模大、变动因素多、施工单位流动性强、行业竞争激烈，这些特性要求必须加大项目的管理工作，使公路施工企业按照项目管理要求设置施工组织机构，组建施工队伍，组织工程项目实施过程。公路工程建设客观存在的自然规律和经济规律决定了投资效益和社会效益，公路工程建设项目由于建设周期长、技术复杂、人财物消耗大，并同时要考虑经济效益等因素，故此要求工程技术人员既要有公路工程专业理论知识，又要具有娴熟的造价、招标、投标等相关专业知识。

本书是公路施工招投标与造价管理方面的书籍，主要研究公路施工招投标与造价管理，本书从公路工程施工组织概述入手，主要针对施工过程组织原理、招标的准备与标底的确定、投标的技巧与方法，公路工程施工招标、投标文件的编制、公路工程造价基础与构成，公路工程造价构成、路面工程计价依据等内容做了介绍，条理清晰，语言精练，重点突出，选材新颖，具有实用性、综合性，希望本书能够给从事相关行业的读者带来一些有益的参考和借鉴。

本书参考了很多专家、学者的书籍，并借鉴了他们的一些观点，在此，对这些学术界前辈深表感谢！由于书中涉及面广、内容较多，编者知识与经验有限，难免存在不足和错误之处，敬请指正。

编者

2023 年 10 月

目 录

第一章　公路施工基础

第一节　公路工程施工组织概述

交通是指从事旅客和货物运输及语言和图文传递的行业，包括运输和邮电两方面，在国民经济中属于第三产业。运输有铁路、公路、水路、航空和管道五种方式，邮电包括邮政和电信两方面内容。交通随着人类生产和生活需要而发展，目前，在各种交通运输方式中，公路运输覆盖面最大，通达性最强。公路建设有利于增强国家经济实力，改善投资环境，加快城市化进程，优化综合交通运输体系和提高人民生活水平。

公路建设是进行公路工程构造物的勘察、测量、设计、施工、养护、管理等工作，实现固定资产的简单再生产和扩大再生产。公路建设应该结合铁路、水路、航空、管道等运输并综合考虑它在联运中的作用和地位，按其政治、军事、经济、人民生活等需要，结合地理环境条件，制订公路网规划。

一、公路工程基本建设

（一）公路工程基本建设的定义

基本建设是指利用各种形式的资金进行投资，以扩大再生产能力和新增社会效益为目的的固定资产建设，即把一定的建筑材料、设备等，通过购置、建造和安装等活动，转化为固定资产的过程，诸如工厂、公路、铁路、港口、学校、医院等工程的建设及机具、车辆、各种设备等的添置和安装。

公路工程基本建设就是通过勘察、设计和施工及有关的经济活动等，将一定建筑材料按设计要求与技术标准使用机械设备建造成公路构造物的过程。

（二）公路工程基本建设的内容

公路工程基本建设活动主要由三部分构成。

1. 建筑安装工程

建筑安装工程指兴工动料的施工活动，是投资额最高的一部分，也是基本建设中最复杂的一部分。它包括建筑工程和设备安装工程。

建筑工程包括路基、路面、桥梁、隧道、防护工程、沿线设施等。

设备安装工程包括高速公路、大型桥梁所需的各种机械、设备、仪器的安装、测试等。

2. 设备、工具、器具及家具购置

设备、工具、器具及家具购置是指为公路营运、服务管理、养护等需要所购买的设备、工具、器具，及为保证新建、改建公路初期正常生产、使用和管理所须采购或自制的办公和生活家具。

3. 其他基本建设工作

其他基本建设工作是指不属于上述各项的基本建设工作。如勘察、设计及与之有关的调查和技术研究工作，征用土地、拆迁补偿和安置补助工作等。没有它们，基本建设就难以进行，或者工程建成后也无法投产和交付使用。

（三）公路工程基本建设项目的组成

每项基本建设工程，就其实物形态来说，都由许多部分组成。为了便于编制各项基本建设的施工组织设计和概预算文件，必须对每项基本建设工作进行项目划分。基本建设工程可依次划分为基本建设项目、单项工程、单位工程、分部工程和分项工程。

1. 基本建设项目（简称建设项目）

每项基本建设工程就是一个建设项目。建设项目一般是指有总体设计，经济实行独立核算，行政管理具有独立组织形式的建设单位。在我国基本建设工作中，通常以一个企业、事业单位，或一个独立工程作为一个建设项目。如运输建设方面的一条公路、一条铁路、一个港口。

2. 单项工程（又称工程项目）

单项工程是建设项目的组成部分。一个建设项目，可以是一个单项工程，也可以包括多个单项工程。所谓单项工程，是指具有独立的设计文件，竣工后可以独立发挥生产能力或效益的工程，如某公路建设项目中的某独立大、中桥梁和某隧道工程等。

3. 单位工程

单位工程是单项工程的组成部分，一般指不能独立发挥生产能力（或效益），但具有独立施工条件的工程。如某隧道单项工程可分为土建工程、照明和通风工程等多个单位工程；一条公路可分为路线工程、桥涵工程等多个单位工程。

4. 分部工程

分部工程是单位工程的组成部分，一般是按照单位工程的各个部位划分的，如基础工程，桥梁上、下部工程，路面工程，路基工程等。

5. 分项工程

分项工程是分部工程的组成部分，是按照工程的不同结构、不同材料和不同施工方法等因素划分的，如基础工程可划分为围堰、挖基、砌筑基础、回填等分项工程。分项工程的独立存在是没有意义的，它只是建筑或安装工程的一种基本构成因素，是为了组织施工及为确定建筑安装工程造价而设定的一个中间过程。

（四）公路工程基本建设的特点

公路工程施工的特点是由公路建筑产品的特点决定的。公路工程是呈线形分布的一种带状构造物，是通过勘察、设计和施工，消耗大量资源（人力、物力、财力）而完成的公路建筑产品。与工业生产相比，公路建设同样是一系列资源投入产出的过程，其施工生产的阶段性和连续性，组织上的专门化和协作化与工业生产是一致的。但是公路建筑产品具有形体庞大、复杂多样、整体难分、不能移动等特点，公路工程施工具有流动性、单体性、生产周期长、易受气候影响和外界干扰等特点，这些特点对公路工程施工组织与管理影响很大。

1. 公路建筑产品的特点

（1）产品固定性

公路工程的构造物固定于一定的地点不能移动，只能在建造的地方直接生产、完工后供长期使用。

（2）产品多样性

由于公路的具体使用目的、技术等级、技术标准、自然条件及功能不同，使公路的组成、结构千差万别，复杂多样。

（3）产品形体的庞大性

公路工程是线形构造物，其组成部分的形体庞大，不仅占用土地多，而且占据较大空间，使整个工程雄伟壮观。

（4）产品部分结构的易损性

公路工程构造物受行车作用及自然因素影响，其暴露于大自然的部分及直接受行车作用的部分，会产生物理、化学变化，在疲劳、耐久、老化方面受损表现突出。

2. 公路工程施工的技术经济特点

由于公路建筑产品具有上述特点，因此在其产品（工程）的施工过程中，具有以下技术经济特点。

（1）工程施工流动性大

公路建设线长、点多、面广，工程数量分布不均匀，其构造物在建造过程中和建成后都无法移动。由于产品的固定性和严格的施工顺序，在组织各类工作人员和各种机械施工时，围绕这一产品，须在同一工作面不同时间，或同一时间不同工作面上进行施工活动，这就需要科学地解决这种空间与时间之间的矛盾。此外，当某一公路工程竣工后，还要解决施工队伍向新的施工现场转移的问题。

（2）工程施工协作性高

公路工程类型多，施工环节多，工序复杂，每项工程又具有不同的功能、不同的施工条件，使每项工程不仅要进行个别设计，还要个别组织施工。特别是现代高等级公路不仅涉及电力、电信工程，还包含市政及环保工程。每项工程都需要建设、设计、施工等单位的密切配合，材料、动力、运输等各个部门的通力协作。因此，施工过程中的综合协调和调度、严密计划和科学管理就显得特别重要。

（3）工程施工周期性长

公路工程包括路基、路面、桥梁、涵洞、隧道、交通工程设施等工程，产品形体特别庞大，产品固定并具有不可分割性，使施工周期长，而且在较长时间内大量占用和耗费人力、物力和财力，直到整个工程施工周期完结，才能出产品。即使借助现代化施工机械完成高等级公路工程，在满足工程质量及技术标准的条件下，一条百余千米的高速公路也需要3年左右工期。由于施工期内会经历一年四季气候的变化，需要针对不同的气候、季节采取不同措施进行施工管理，保证工程质量与进度。

在施工过程中，要求统筹安排，遵守施工程序，科学合理地组织施工，各阶段、各环节必须有条不紊地组织起来，在时间上不间断、空间上不脱节。如果施工的连续性受到破坏或中断，必然会拖延工期，大量占用资金，造成人力、物力、财力的浪费。

（4）受外界干扰及自然因素影响大

公路工程施工穿越乡村与城镇，与当地政府及居民利益紧密相关，现场的一切行动直接影响当地生活与生产，因此协调地方关系成为现场管理的一项重要工作。另外，公路工程施工大部分是露天作业，受自然条件的影响很大，如气候冷暖、地势高低、雨雪等。设计变更、地质情况、物资供应条件、环境因素等对工程进度、工程质量、成本等都有很大影响，且由于公路部分结构的易损性，须不断对其进行维修养护，才能维持正常的使用性能。

公路建设的上述特点，决定了公路工程施工活动的特有规律，研究和遵循这些规律，对科学地组织与管理公路工程施工和提高公路建设的经济效益具有重要意义。

二、公路工程建设程序

（一）公路工程基本建设程序

基本建设项目在整个建设过程中各项工作的先后顺序，称为基本建设程序。这个程序是由基本建设进程的客观规律（包括自然规律和经济规律）和政府管理体制决定的。

基本建设涉及面广，受到地质、气候、水文等自然条件和资源供应、技术水平等物质技术条件的严格制约，需要内外各个环节的密切配合，并且要求按照符合既定需要和有科学根据的总体设计进行建设。一般来说，公路工程基本建设的程序是：根据国民经济长远规划及布局所确定的公路网规划，提出项目建议书；通过调查，进行可行性研究，编制可行性研究报告；经批准后进行初步测量及编制初步设计文件；经批准后，列入国家年度基本建设计划，并进行定线测量编制施工图设计文件；经批准后组织施工；完工后，进行竣工验收，最后交付使用。这些程序必须循序渐进，不完成上一环节，就不能进入下一阶段。如没有可行性研究报告就不能盲目设计，没有设计就不能施工，工程不经竣工验收合格就不能交付使用等，否则就会造成经济损失和不良后果。

现将公路工程基本建设程序的具体内容分述如下：

1. 项目建议书

项目建议书是在经济规划、运输规划和道路规划的基础上产生的技术政策性文件，是按项目或年度列出的待建项目，既是进行各项前期准备工作的依据，又是进行可行性研究的基础。项目建议书应对拟建项目的目的、要求、主要技术指标、原材料、投资估算及资金来源等提出文字说明。

2. 可行性研究

公路建设项目可行性研究的任务是在对拟建工程地区社会、经济发展和公路网状况进行充分的调查研究、评价、预测和必要的勘察工作的基础上，对项目建设的必要性、经济合理性、技术可行性、实施可能性，提出综合性研究论证报告。

可行性研究按工作深度划分为预可行性研究和工程可行性研究两个阶段。预可行性研究应重点阐明建设项目的必要性，通过踏勘和调查研究，提出建设项目的规模、技术标准，进行简要的经济效益分析。工程可行性研究应通过必要的测量、地质勘探（大桥、隧道及不良地质地段等），在认真调查研究，拥有必要资料的基础上，对不同建设方案在经济上、技术上进行综合论证，提出推荐建设方案，经审批后作为初步设计的依据。工程可行性研究的投资估算与初步设计概算总额之差，应控制在10%以内。

公路建设项目可行性研究报告的主要内容包括：建设项目依据、历史背景；建设地区综合运输网的交通运输现状和建设项目在交通运输网中的地位及作用；原有公路的技术状况及适应程度；论述建设项目所在地区的经济特征，研究建设项目与经济发展的内在联系，预测交通量、运输量的发展水平；建设项目的地理位置及地形、地质、地震、气候、水文等自然特征；筑路材料来源及运输条件；论证不同建设方案的路线起讫点和主要控制点、建设规模、标准，提出推荐意见；评价建设项目对环境的影响；测算主要工程数量、征地拆迁数量，估算投资，提出资金筹措方式；提出勘测、设计、施工计划安排；确定运输成本及有关经济参数，进行经济评价、敏感性分析。收费公路、桥梁、隧道还须做财务分析，评价推荐方案，提出存在问题和有关建议。

3. 工程设计

工程设计是对工程对象进行构思，并进行计算、验算和编制设计文件的过程。设计文件是安排建设项目、控制投资、编制招标文件、组织施工和竣工验收的重要依据。设计文件的编制必须坚持精心设计，认真贯彻国家有关方针政策，严格执行基本建设程序的规定。

根据基本建设项目的性质和设计内容不同，工程设计一般可分为"一阶段设计""两阶段设计"和"三阶段设计"三种类型。

公路工程基本建设一般采用两阶段设计，即初步设计和施工图设计。对于技术简单、方案明确的小型建设项目，可采用一阶段设计，即一阶段施工图设计；对于技术复杂而又缺乏经验的建设项目或建设中个别路段、特殊大桥、互通式立体交叉、隧道等，必要时采用三阶段设计，即初步设计、技术设计和施工图设计。

（1）初步设计

初步设计应根据批准的可行性研究的要求和初测资料，拟定修建原则，选定设计方案，计算主要工程数量，提出施工方案审核意见，编制设计概算，提供文字说明和图表资料。初步设计文件经审查批准后，是国家控制建设项目投资及编制施工图设计文件或技术设计文件（采用三阶段设计时）的依据，并且作为订购或准备主要材料、机具设备，安排重大科研项目，筹划征用土地及控制项目投资的依据。

（2）技术设计

技术设计应根据已批准的初步设计和补充初测，对重大、复杂的技术问题通过科学试验、专题研究，加深勘探调查及分析比较，解决初步设计中未能解决的问题，进一步落实各项技术方案，计算工程数量，提出修正的施工方案，编制修正设计概算。批准后的技术设计文件将作为施工图设计的依据。技术设计文件的内容与初步设计文件类似，但此时的技术方案和技术细节都已基本确定。

（3）施工图设计

一阶段施工图设计应根据批准的可行性研究和定测资料，拟定修建原则，确定设计方案和工程数量，提出文字说明和图表资料及施工组织计划，编制施工图预算，满足审批的要求，适应施工的需要。

两阶段（或三阶段）施工图设计应根据批准的初步设计（或技术设计）和定测（或补充初测）资料，进一步对所审定的修建原则、设计方案、技术决策加以具体化和深化，最终确定工程数量，提出文字说明和适应施工需要的图表资料及施工组织计划，编制施工图预算。

为了便于对设计工作进行管理（核定和审查等），避免设计文件内容的遗漏，提高工程设计质量，必须对设计文件的编制方法、编制内容、内容顺序及格式做出严格的要求。设计文件必须由具有相应等级的公路勘察设计证书的单位编制，其编制与审批应按交通运输部现行的《公路工程基本建设管理办法》办理。

4. 列入年度基本建设计划

建设项目的初步设计和概算经上报批准后，才能列入国家年度基本建设计划。建设单位根据颁发的年度基本建设计划控制数字，按照批准的可行性研究报告和设计文件，编制本单位的年度基本建设计划，经上报批准后，再编制物资、劳动、财务计划。这些计划分别经过主管机关审查平衡后，作为国家安排生产、宏观调控物资和财政拨款或贷款的依据，并通过招标或其他方式落实施工单位和监理单位。

5. 施工准备

为了保证施工的顺利进行，在施工准备阶段，建设单位、勘测设计单位、施工单位、监理单位和建设银行均应在自己的职责范围内，针对施工的要求充分做好各项准备工作。

建设主管部门应根据计划要求的建设进度，组建基本建设项目的专门管理机构，办理登记及拆迁，做好施工沿线有关单位和部门的协调工作，抓紧配套工程项目的落实，提供技术资料，落实材料、设备的供应。

勘测设计单位应按照技术资料供应协议，按时提供各种图纸资料，做好施工图纸的会审及移交工作。

在招投标中中标并已签订工程承包合同的施工单位应组织机具、人员进场，进行施工测量，修筑便道及生产、生活等方面的临时设施，建立实验室，组织材料、物资采购、加工、运输、供应、储备，做好施工图纸的接收工作，熟悉图纸的要求，编制实施性施工组织设计和施工预算，提出开工报告。

在招投标中中标并已签订监理合同的监理单位应组织监理机构，建立监理组织体系，熟悉施工设计文件和合同文件；组织监理人员和设备进场，建立中心实验室；根据工程监理规划规定的程序和合同条款，对施工单位的各项准备工作进行检查、验收、审批，合格后，签发开工令。

建设银行应会同建设、设计、施工单位做好图纸的会审，严格按计划要求进行财政拨款或贷款，做好建设资金的调拨计划。

6. 工程施工

在开工报告批准后，施工单位即可正式施工。施工过程中，施工单位应遵照合理的施工程序，按照设计要求、施工规范及进度要求，确保工程质量，安全施工。坚持施工过程组织原则，加强施工管理，大力推广应用新技术、新工艺、新方法、新设备和新材料，努力缩短工期、降低造价，做好施工记录，建立技术档案。

7. 竣工验收、交付使用

建设项目的竣工验收是基本建设全过程的最后一个程序。竣工验收是一项十分细致和严肃的工作，必须从国家和人民的利益出发，按照原国家建委《关于基本建设项目竣工验收暂行规定》和交通运输部《公路工程竣工验收办法》的要求，认真负责地对全部基本建设工程进行总验收。竣工验收包括两部分内容。一是工程技术验收；二是工程资金决算，即对工程质量、数量、期限、生产能力、建设规模、使用条件的审查，对建设单位和施工单位编制的固定资产移交清单、隐蔽工程说明和竣工决算等进行细致检查。

当全部基本建设工程经过竣工验收合格，完全符合设计要求后，应立即移交给生产部门正式使用。在竣工验收时，对遗留问题、存在问题要明确责任，确定处理措施和期限。

养护和大中修工程，即固定资产的更新与技术改造，原则上也应参照基本建设程序，按交通运输部有关规定执行。

（二）公路工程施工程序

公路工程施工程序是指在整个公路施工过程中各项工作必须遵循的前后顺序。它是多年来施工实践经验的总结，也反映了施工过程中必须遵循的客观施工规律。施工程序包括接受施工任务、签订工程承包合同、施工准备工作、组织施工和竣工验收等阶段。

1. 接受施工任务和签订工程承包合同

施工企业接受施工任务通常有三种方式：一是上级主管单位统一布置任务，安排计划下达；二是经主管部门同意，自行对外接受的任务；三是参加投标，中标而获得的任务。随着我国社会主义市场经济体制的建立和发展，施工任务将主要通过参加投标并在建筑市场的平等竞争中取得。

接受施工任务是通过签订工程承包合同加以肯定的。建筑安装企业，凡接受工程项目，都必须同建设单位签订工程承包合同，明确各自的经济技术责任。合同一经签订，即具有法律效力，双方要严格履行合同。

工程承包合同内容一般包括承包的依据、承包方式、工程范围、工程质量、施工工期、开工竣工日期（包括中间交工日期）、工程造价、技术物资供应、拨款结算方式、奖惩条款和各自应做的准备工作及配合关系等。承包合同应满足工程施工的需要，反映工程的特点，合同内容要具体，责任要明确，条款要简明，文字解释要清楚，便于检查。

2. 施工准备工作

施工准备工作千头万绪，涉及面广，必须有计划、按步骤、分阶段地进行，才能在较短时间内为工程开工创造必要的条件。施工准备工作的基本任务是：了解施工现场的客观条件，根据工程特点、进度要求，合理安排施工力量，从人力、物力、技术和施工组织等方面为工程施工提供一切必要的条件。

（1）技术准备

①熟悉、核对设计文件、图纸及有关资料。组织有关人员熟悉、了解设计文件、图纸和有关资料，使施工人员明确设计者的设计意图，熟悉施工图的内容和结构物的细部构造，掌握各种原始资料。对设计文件和图纸必须进行现场核对，其主要内容包括：各项计划的安排、设计图纸和资料是否符合国家有关方针、政策和规定，图纸是否齐全，图纸内容有无错误及相互之间有无矛盾；掌握设计内容和技术条件，弄清工程规模、结构特点和形式；设计文件所依据的水文、地质、气象、岩土等资料是否准确、可靠、齐全；核对路线中线、主要控制点、转角点、三角点、基线等是否准确无误；重要构造物的位置、尺寸、孔径等是否恰当，能否采用先进的技术或使用新材料；路线或构造物与农田、水利、铁路、电信、管道、公路、航道及其他建筑物的互相干扰情况和解决办法是否恰当，干扰可否避免；对地质不良地段、水土流失、环境影响采取的处理措施；施工方法、料场分布、运输方式、道路条件等是否符合实际情况；临时房屋、便道、便桥、电力电信设备、临时供水供电等场地布置是否恰当；各项协议书等文件是否完善、齐备；明确建设期限，包括分期、分批工程期限的要求。现场核对发现设计不合理或错误之处，应提出修改意见报上级机关审批，然后根据批复的修改设计意见进行施工测量、补充图纸等工作。

②补充调查资料。进行现场补充调查是为修改设计和编制实施性施工组织设计收集资料。调查研究和收集资料是施工准备工作中不可缺少的内容。

③编制实施性施工组织设计和施工预算。这是施工准备工作阶段中的一项深入细致的工作，是指导施工的重要技术文件。由于公路建筑生产的特点，不可能采用一个定型的、一成不变的施工方法。所以，每个建设工程项目都需要分别确定施工方案和组织方法，故要求在施工阶段必须编制实施性施工组织设计和施工预算。

④组织先遣人员进场，做好后勤准备工作。在大批施工人员进场之前，施工先遣人员的任务是根据总任务的具体安排，结合施工现场实际情况，具体落实施工人员进场后在生产、生活等方面必须解决的问题；对施工中涉及其他部门的问题，做好联系，签订协议书或合同；及时与当地政府取得联系，争取当地政府部门的支持和帮助。

（2）施工现场准备

依据设计文件及已编制的实施性施工组织设计做好施工现场准备工作。

①测出占地和征用土地范围，拆迁房屋、电信设备等各种障碍物。

②平整场地，做好施工放样。

③修建便桥、便道，搭盖工棚和大型临时设施（预制场、机修厂、沥青加工场、混凝

土搅拌站等）。

④料场布置，安装供水、供电设备等。

⑤各种施工物资的调查与准备，包括建筑材料、构件、施工机械及机具设备、工具等的货源安排，及进场的堆放、入库、保管及安全工作。

⑥建立工地实验室，进行各种建筑材料和土质的试验，为施工提供可靠依据。

⑦施工机构设置、施工队伍集结、进场及开工上岗前的政治思想工作及安全技术教育。

上述各项具体准备工作全部就绪后，即可向建设单位或监理工程师提出开工报告。必须坚持没有做好施工准备工作不准开工的原则。

3. 组织施工

做好施工准备并报请批准后，才能进行正式施工。施工时要严格按照施工图纸进行，要按照施工组织设计确定的施工顺序、施工方法及进度要求，科学、合理地组织施工，而且对施工过程要进行全面的质量管理及成本控制。对大中型工程建设项目，要严格执行监理制度。

对各分项工程，特别是地下工程和隐蔽工程，施工时要做好原始记录，每道工序施工完毕并经监理工程师检验合格后，才能进行下一道工序。施工要严格按照设计要求和施工验收技术规范的规定进行，保证质量，不留隐患，发现问题及时解决。

组织施工时应具有以下基本文件：

①设计文件；

②施工规范和技术操作规程；

③各种定额；

④施工图预算；

⑤施工组织设计；

⑥公路工程质量检验评定标准和施工验收规范。

4. 竣工验收

建设项目和单位工程都要按照设计文件所规定的内容全部建成完工，完工后以批准的设计文件为依据，根据国家有关规定，评定质量等级，进行竣工验收，并经监理工程师签字确认。

（三）公路工程基本建设投资

1. 投资的构成

基本建设投资是由基本建设项目从筹建到竣工验收、交付使用的全部建设费用所构成的。凡是新建、改建、扩建和重建的工厂、矿山、交通、水利等工程的建设费用，建筑安装工程费，设备、工具、器具的购置费，其他基本建设费和预留费用等都作为基本建设投资。

建设项目的四个阶段，即规划与研究阶段、设计阶段、施工阶段和交付使用阶段，每个阶段都贯穿资金的运作。基本建设投资是从建设前期的可行性研究费等少量投资开始，到施工期间大量投入资金，直到交付使用后经一定时期收回全部投资为止的一个完整周期内，以货币形式反映基本建设规模的综合指标。

在我国基本建设程序中，随着各个阶段工作深度的不同，计算投资总额的程序和要求不同，其作用也不同。投资前期可行性研究阶段进行的投资估算、经济评价是可行性研究的核心。投资估算是经济评价工作的基础，投资估算的正确与否直接影响可行性研究经济计算的结果与评价，直接影响可行性研究工作质量。初步设计阶段编制投资概算（初步设计概算）一经批准即列入年度基本建设计划，作为工程项目投资、贷款的依据。施工图预算的投资额是确定工程造价、签订建筑安装合同、办理工程结算、实行经济核算和考核工程成本的依据。施工阶段进行的施工预算、工程结算及竣工决算是投资活动后期对实际发生投资额的计算和投资额支付的活动过程，是检查基本建设投资计划，设计概预算执行情况和考核投资效果的重要依据。

2. 我国公路基本建设投资来源

我国公路基本建设资金来源主要有如下几种。

（1）政府投资

政府投资是由政府预算直接安排的投资，通过政府财政拨款的方式，根据建设进度分期拨给建设单位，然后直接用于公路工程建设。

（2）地方投资

地方投资是在政府投资安排之外，由各地区、各部门按照国家规定自筹资金安排的投资。这是我国建设投资的一项补充来源。

（3）银行信贷

银行信贷是以银行为主体，根据信贷自愿的原则，依据经济合同所施行的有偿有息投资。政府主管部门对公路建设贷款额度和贷款期限方面有明文规定，在此不详述。

（4）国外资金

在国家统一政策的指导下，可以积极慎重地引进国外的先进技术和国外投资，以弥补我国建设资金的不足，加速我国经济建设的发展。

目前，我国可利用的外资来源主要是由国外及我国港、澳、台地区借入资金和由投资者直接投资两方面，大致可归纳为国际金融机构贷款，如世界银行、亚洲开发银行等机构提供贷款；国外政府贷款，即外国政府预算中拨出资金开展对外援助或促进本国出口贸易而进行的贷款；出口信贷，指西方国家为鼓励资本输出和商品输出而设置的信贷；国际金融市场贷款，指各国商业银行和私人银行利用吸收的外汇存款发放的贷款；合资经营，指由境外合营者提供设备、技术、培训人员，我国合营者提供土地、厂房、动力、原材料、劳动力等，双方按协议计算投资股份，分享利润和承担风险；租赁信贷、发放国外债券等。

（5）其他资金来源

如联营投资、股票投资、发行债券等。

近年来我国公路交通运输压力虽有缓解，但随着车辆保有量的急剧增加，其运输能力不足的问题也更加突出。由于公路建设资金不足，在国务院直接领导和支持下，已制定了几项发展交通的政策：一是养护税费改革增加投资；二是增列汽车购置附加费；三是允许集资、贷款修建高速公路、独立大桥和隧道等，通过收取一定费用偿还本息；四是确定能源、交通基金返还，实行"以工代赈"、地方集资等政策和措施，使公路建设部分资金有长期稳定的来源。

三、公路工程施工组织的研究目的、对象和任务

（一）公路工程施工组织的研究目的

随着社会经济的不断发展和施工技术的不断进步，工程施工过程已经越来越成为一项千头万绪、错综复杂的生产活动。对于任何一个工程施工现场，都要组织各类专业施工操作工人和相当数量的建筑材料、设备等有条不紊地投入各个施工过程中，组织各种材料、制品、构配件的采购、运输、存放、供应，组织各种施工机械设备的进出现场、安装调试、维修保养和使用，布置施工现场生产、生活所需的各种临时房屋、仓库、堆料场及现场的临时道路和供水、供电、供热等设施。

工程施工组织就是针对工程施工的复杂性，来研究工程施工过程的统筹安排与系统管理的客观规律，研究如何组织、计划一项拟建工程的全部施工，制订出多种可行的施工方案，再依据从中选定的最优施工方案编制成规划和指导拟建工程施工的全面性技术、经济和组织的综合性文件，以期使拟建工程施工取得最优的经济效益和社会效益。

（二）公路工程施工组织的研究对象

公路工程施工组织是研究公路建筑产品生产过程中诸要素合理组织的学科，具体说就是研究一个具体的建筑产品（建设项目、单位工程等）在生产（施工）过程中的诸要素，

即直接使用的建筑工人、施工机械、建筑材料、构件等的组织问题。

施工组织研究的就是如何根据公路建设的特点，从人力、资金、材料、机械、施工方法这五个主要因素进行科学合理的安排，在一定的时间和空间内，实现有组织、有计划、均衡地施工，使整个工程达到时间上耗费少、工期短，质量上精度高、功能好，经济上资金省、成本低的目的。

（三）公路工程施工组织的主要任务

公路建筑产品的施工是一项非常复杂的生产活动，它不仅需要有诸如进度计划、质量和成本等目标管理和劳动力、建设物资、工程机械、工程技术及财务资金等诸要素管理，而且要为完成施工目标和合理组织诸施工要素的生产事务服务，否则就难以充分地利用施工条件和发挥施工要素的作用，甚至无法进行正常的施工活动和实现施工目标。

1. 现场施工管理的基本任务

现场施工管理的基本任务是根据生产管理的普遍规律和施工的特殊规律，以每一个具体工程（建筑物或构筑物）和相应的施工现场为对象，正确地处理好施工过程中的劳动力、劳动对象和劳动手段的相互关系及其在空间布置和时间安排上的各种矛盾，做到人尽其才、物尽其用，多快好省且安全地完成施工任务，为国家提供更多、更好的建筑产品。

2. 现场施工管理的基本内容

现场施工管理包括以下基本内容。

①编制施工作业计划并组织实施，全面完成计划指标。

②做好施工现场的平面组织，合理利用空间，创造良好的施工条件。

③做好施工中的调度工作，及时协调土建工种和专业工种之间及总包与分包之间的关系，组织交叉施工。

④做好施工过程中的作业准备工作，为连续施工创造条件。

⑤保护施工环境，节约社会资源，建设优良工程。

⑥科学合理设置管理机构，保证现场管理全面协调运作。

⑦认真填写施工日志和施工记录，为交工验收和技术档案积累资料。

3. 公路施工组织管理的内容

公路施工要多快好省地完成施工生产任务，必须有科学的施工组织，并应合理地解决好一系列问题。其具体任务如下：

①确定开工前必须完成的各项准备工作。

②计算工程数量，合理部署施工力量，确定劳动力、机械台班、各种材料、构件等的需要量和供应方案。

③确定施工方案，选择施工机具。

④安排施工顺序，编制施工进度计划。

⑤确定工地上的设备停放场、料场、仓库、办公室、预制场地等的平面布置。

⑥制定确保工程质量及完成生产的有效技术措施。

此外，公路工程的施工总方案可以是多种多样的，应该依据公路建筑工程具体任务特点、工期要求、劳动力数量及技术水平、机械装备能力、材料供应及构件生产、运输能力、地质和气候等自然条件及技术经济条件进行综合分析，从几个方案中反复比较，选择出最理想的方案。

把上述各项问题加以综合考虑，并做出合理的决定，形成指导施工生产的技术经济文件——施工组织设计。施工组织设计本身是施工技术准备工作，而且是指导施工的准备工作，是全面布置施工生产活动、控制施工进度、进行劳动力和机械调配的基本依据，对是否能多快好省地完成公路建筑工程的施工生产任务有决定性作用。

第二节　施工过程组织原理

一、施工过程的组织

（一）施工过程的概念

施工过程就是生产建筑产品的过程，由一系列的施工活动组成。施工过程的基本内容主要是劳动过程，在某些情况下，还包含自然过程，如混凝土硬化过程的养生、沥青路面的成型等。此时，施工过程就是劳动过程和自然过程的结合，是互相联系的劳动过程与自然过程的全部生产活动的总和。

根据各种劳动在性质上及对产品所起的作用上的不同特点，可以将施工过程划分为以下几种。

1. 施工准备过程

施工准备过程是指产品在投入生产前所进行的全部生产技术和现场的准备过程，如计划文件准备、交接桩、线路复测等。

2. 基本施工过程

基本施工过程是指直接为完成产品而进行的生产活动，如挖基、砌基础等。

3. 辅助施工过程

辅助施工过程是指为保证基本施工过程的正常进行所必需的各种辅助生产活动，如机械设备维修、材料加工等。

4. 施工服务过程

施工服务过程是指为基本施工和辅助施工服务的各种服务过程，如原材料、半成品、工具、燃料的供应与运输等。

（二）公路工程施工过程的组成

组织公路工程的施工必须研究施工过程的组成，以适应施工组织、计划、管理等工作的需要。

按照现行的公路工程设计概预算文件编制办法，将公路工程划分为临时工程、路基、路面、桥涵、交叉工程、隧道、其他工程及沿线设施、管理养护服务房屋八个分项工程。各个分项工程，又可划分为若干子目。例如按工程性质与结构的不同，桥涵分项工程分为漫水工程、涵洞、小桥、中桥、大桥五个子目。对于独立大（中）桥工程，亦相应划分为桥头引道、基础、下部构造、上部构造、沿线设施、调治及其他工程和临时工程七个分项工程，各分项工程再细分若干子目。公路工程施工过程是由上述的分项、子目和节组成的。

施工组织与管理工作，按上述项目可以做总体安排，但更多情况下还要进一步划分。从施工组织的需要出发，公路工程施工过程原则上可依次划分为如下过程。

1. 动作与操作

动作是指工人在劳动时一次完成的最基本活动，若干个相互关联的动作组成操作。完成一个动作所耗用的时间和占用的空间是制定定额的重要原始资料。

2. 工序

工序是指在劳动组织上不可分开，而在操作上属于同一类的施工过程。从施工工艺流程看，工序在工作地点、施工工具、施工机械和材料等方面均不发生变化，若其中一项有了改变，就意味着从一道工序转入另一道工序。如在钢筋的制作与绑扎过程中，当钢筋调直后便开始除锈，这时钢筋工放下调直工具，拿起钢丝刷，就表示已由调直钢筋工序转入除锈工序。施工组织往往以工序为最基本对象。

3. 施工段

施工段是由几个在技术上相互关联的工序所组成的，是可以相对独立完成的某一种细部工程或分部分项工程的独立过程，如整个路基工程、路面工程、桥梁基础工程等。

4. 综合过程

综合过程是由若干个在产品结构上密切联系的，能最终获得一种产品的施工过程的总和，如一座独立桥梁、一条隧道、一条路线工程等。

以上划分，因工程性质及施工对象的复杂程度而异，并无统一的规定，要根据是否有利于科学地进行施工组织与管理而定。

（三） 施工过程的组织原则

影响施工过程组织的因素很多，如施工性质、施工生产类型、建筑产品结构、材料及半成品性质、机械设备条件、自然条件等，使施工过程的组织变化较多、困难较大。因此，科学合理地组织施工过程显得尤为重要，其组织原则可归纳如下：

1. 施工过程的连续性

连续性是指产品在施工过程中的各阶段、各工序在时间上是紧密衔接的，不发生各种不合理的停滞现象，表现为劳动对象始终处于被加工状态，或者在进行检验，或者处于自然过程中。保持和提高施工过程的连续性，可以缩短建设周期，减少在制品数量，节省流动资金，可以避免产品在停放等待时可能引起的损失，对提高劳动生产率及节省造价具有很大意义。

2. 施工过程的协调性

施工过程的协调性也叫比例性，是指产品在施工各阶段、各工序之间，在施工能力上要保持一定的比例关系，各施工环节的工人数、生产率、设备数量等都必须互相协调，不发生脱节和比例失调现象。协调性是保证施工顺利进行的前提，可使施工过程中人力和设备得到充分利用，避免产品在各个施工阶段和工序之间的停顿和等待，从而缩短施工周期。施工过程的协调性在很大程度上取决于施工组织设计的正确性。

3. 施工过程的均衡性

施工过程的均衡性又称节奏性，是指企业的各个施工环节都按照施工生产计划的要求，工作负荷保持相对稳定，不发生时松时紧、前松后紧等现象。均衡施工能充分利用设备和工时，避免突击赶工造成的各种损失，有利于保证施工质量和降低成本，有利于劳动力和机械的调配。

4. 施工过程的经济性

施工过程的组织除满足技术要求外，必须讲究经济效益。上述施工过程的连续性、协调性和均衡性，最终都要通过经济效果集中反映出来。

上述四方面是相互制约、互为条件的。在进行施工组织时，必须保证全面符合上述四方面的要求，不可偏重某一方。

（四） 施工过程的逻辑关系

要保证施工过程的协调性，就需要保证各施工过程的合理顺序。施工过程的各项工作之间的先后顺序关系叫逻辑关系，按其逻辑关系的特点可分为工艺关系和组织关系。

1. 工艺关系

工艺关系是指在现有的技术和工作程序条件下，同一施工段的相邻两个工作必须遵守的先后施工顺序。生产性相邻的两个工作之间的先后施工顺序是由工艺过程决定的，受生产力水平制约，具有客观性；非生产性工作之间的先后施工顺序是由工作程序决定的。

2. 组织关系

组织关系是指在现有的管理水平下，由于工期和资源（人力、物力、财力）的限制，各项工作之间确定的施工作业方式。它受管理水平、工期和资源制约，具有主观性。

二、施工过程的时间组织

（一）施工过程作业方式

在公路施工生产中，施工队（班组）对施工对象的施工作业方式一般可分为顺序（依次）作业法、平行作业法和流水作业法三种基本施工方式，也称组织方式。

1. 顺序作业

顺序作业是只组织一个施工队，按工艺流程和施工程序，该队完成所有施工段上的所有工作。这种方式的施工进度安排、总工期及劳动力需求曲线一般绘制在"顺序施工"栏。

顺序作业方式优缺点如下：

（1）优点

①单位时间内投入的劳动力、施工机具、材料等资源量较少，有利于资源供应的组织。

②施工现场的组织、管理比较简单。

（2）缺点

①没有充分地利用工作面进行施工，工期长。

②如果由一个施工队完成全部施工任务，则不能实现专业化施工，不利于提高劳动生产率和工程质量。

③如果按专业成立施工队，则各专业队不能连续作业，有时间间歇，劳动力及施工机具等资源无法均衡使用。

2. 平行作业

平行作业是组织几个劳动组织相同的独立施工队，在同一时间、不同的空间按工艺关系和组织关系要求完成各项工作。

平行作业方式优缺点如下：

（1）优点

充分地利用工作面进行施工，工期短。

（2）缺点

①如果每一个施工段的每项工作均成立专业队，则各专业队不能连续作业，劳动力及施工机具等资源无法均衡使用。

②如果由一个工作队完成一个施工段的全部施工任务，则不能实现专业化施工，不利于提高劳动生产率和工程质量。

③单位时间内投入的劳动力、施工机具、材料等资源量成倍地增加，不利于资源供应的组织。

④施工现场的组织管理比较复杂。

3. 流水作业

流水作业是将拟建施工项目中的每一个施工对象分解为若干个工作并按照工作成立相应的专业队，各专业队按照施工顺序依次完成各施工对象的施工过程，同时保证施工在时间和空间上连续、均衡和有节奏地进行，使相邻两专业队能最大限度地搭接作业。

流水作业方式优点如下：

①科学地利用了工作面，使各道工序紧凑地进行施工，施工队依次转移，减少了停工和窝工现象的发生，加快了进度，计算总工期比较合理。

②实现了专业化作业，为工人提高技术水平和进行技术改造、革新创造了有利条件，更好地保证了工程质量和提高了劳动生产率。

③实现了连续作业，相邻的专业队之间实现了最大限度的合理搭接。

④单位时间投入施工的资源量较为均衡，有利于资源供应的组织工作。

⑤为文明施工和进行现场的科学管理创造了有利条件。

（二）作业方式的综合运用

顺序作业法、平行作业法、流水作业法在生产过程中不仅可以单独运用，而且可以根据具体条件将三种基本作业方式加以综合运用，从而形成平行流水作业法、平行顺序作业法及立体交叉平行流水作业法。这些施工过程之间组织的综合形式，一般均能取得较明显的经济效果。

1. 平行流水作业法

在平行作业法的基础上，按照流水作业法的原则组织施工，以达到适当缩短工期，使劳动力、材料、机具需要量保持均衡的目的。

2. 平行顺序作业法

平行顺序作业法的实质是用增加施工力量的方法来达到缩短工期的目的。它使顺序作业法和平行作业法的缺点更加突出，故仅适用于突击性施工情况。

3. 立体交叉平行流水作业法

立体交叉平行流水作业法是在平行流水作业法的基础上，采用上、下、左、右全面施工的方法。它可以充分利用工作面来有效地缩短工期，一般适用于工序繁多、工程特别集中的大型构造物的施工，如大桥、隧道等工程量大、工作面狭窄、工期短的情况。

（三）流水施工的技术经济效果

通过比较三种施工方式可以看出，流水作业法是一种先进、科学的施工方式。由于其在工艺过程划分、时间安排和空间布置上进行统筹安排，可体现出优越的技术经济效果。

一是施工工期较短，可以尽早发挥投资效益。由于流水施工的节奏性、连续性，可以加快各专业队的施工进度，减少时间间隔。特别是相邻专业队在开工时间上可以最大限度地进行搭接，充分地利用工作面，做到尽可能早地开始工作，从而达到缩短工期的目的，使工程尽快交付使用或投产，尽早获得经济效益和社会效益。

二是实现专业化生产，可以提高施工技术水平和劳动生产率。由于流水施工方式建立了合理的劳动组织，使各工作队实现了专业化生产，工人连续作业，操作熟练，便于不断改进操作方法和施工机具，可以不断提高施工技术水平和劳动生产率。

三是连续施工，可以充分发挥施工机械和劳动力的生产效率。由于流水施工组织合理，工人连续作业，没有窝工现象，机械闲置时间少，增加了有效劳动时间，从而使施工机械和劳动力的生产率得以充分发挥。

四是提高工程质量，可以增加建设工程的使用寿命和节约使用过程中的维修费用。由于流水施工实现了专业化生产，工人技术水平高，而且各专业队之间紧密地搭接作业可以互相监督，使工程质量得到提高，因而可以延长建设工程的使用寿命，同时可以减少建设工程使用过程中的维修费用。

五是降低工程成本，可以提高承包单位的经济效益。资源消耗均衡，便于组织资源供应，使得资源储存合理、利用充分，从而减少各种损失，节约材料费；生产率高，可以节约人工费和机械使用费。降低了施工高峰人数，使材料、设备得到合理供应，可以减少临时设施工程费；工期较短，可以减少企业管理费。

（四）流水施工的表达方式

1. 横道图

流水施工横道图，左边列出各施工过程名称，右边用水平线段在时间坐标下画出施工进度。横道图表示法的特点是绘图简单，施工过程及其先后顺序表达清楚，时间和空间状况形象直观，使用方便，因而长期以来被广泛应用于施工进度的表达。

2. 斜线图

斜线图是将横道图中的工作进度线改为斜线表达的一种形式，一般是在左边列出工程对象名称，右边在时间坐标下画出工作进度线。斜线图一般只用于表达各项工作连续作业，即流水施工进度计划，可以直观地反映出相邻施工过程之间的流水步距。

3. 网络图

网络图与横道图、斜线图相比，不但能反映施工进度，而且能更清楚地反映出各个工序、各施工项目之间错综复杂的相互联系，及相互制约的生产和协作关系。不论是集中性工程，还是线形工程，都可以用网络图表示工程进度计划，这是一种比较先进的工程进度图的表示方法，应大力推广使用。

三、流水施工的主要参数

为了说明流水施工在时间和空间上的开展情况，必须引入一些量的描述，这些量称为流水参数。按参数性质不同，流水参数一般可分为工艺参数、空间参数和时间参数三种。

(一) 工艺参数

工艺参数主要是指在组织流水施工时，用以表达流水施工在施工工艺方面进展状态的参数，通常包括施工过程和流水强度两个参数。

1. 施工过程

在建设项目施工中，施工过程所包括的范围可大可小，既可以是分部、分项工程，又可以是单位、单项工程。施工过程划分的数目多少、粗细程度，一般与施工计划的性质和作用、施工方法、工程结构、劳动组织、劳动量、劳动内容、范围等因素有关。施工过程的数目一般以 N 表示，它是流水施工的基本参数之一。

2. 流水强度

流水强度又称流水能力、生产能力，流水强度是指某一施工过程在单位时间内所完成的工程量，一般用 V_i 表示。如浇筑混凝土时，每个工作班浇筑的混凝土的数量。

流水强度可用下式计算：

$$V_i = \sum_{i=1}^{x} R_i \times S_i \qquad\qquad (式1\text{-}1)$$

式中：R_i——投入施工过程 i 某种施工机械台数或专业工作队的工人数；

S_i——投入施工过程第 i 种资源的产量定额；

x ——投入施工过程 i 用于同一施工过程的资源种类数。

（二）空间参数

空间参数是指在组织流水施工时，用以表达流水施工在空间布置上所处状态的参数。通常包括工作面和施工段。

1. 工作面

工作面是指供某专业工种的工人或某种施工机械进行施工的活动空间。工作面的大小表示能安排施工人数或机械台数的多少。某项施工过程的工人或施工机械所需工作面的大小，取决于单位时间内其完成的工程量和安全施工要求。工作面确定得合理与否，直接影响专业工作队的生产率，因此，必须合理确定工作面。

2. 施工段

在组织流水施工时，通常把施工对象划分为所需劳动量大致相等的若干段或按工程结构部位划分的分部、分项工程段，这些段就叫施工段。施工段的数目以 M 表示，它是流水施工的基本参数之一。划分施工段是组织流水施工的基础。

在划分施工段时，一般应遵循以下原则。

①同一专业工作队在各个施工段上的劳动量应大致相等，相差幅度不宜超过15%。

②每个施工段内要有足够的工作面，以保证相应数量的工人和主导施工机械的生产率，满足合理劳动组织的要求。

③施工段的界线应尽可能与结构界线（如沉降缝、伸缩缝等）相吻合，或设在对建筑结构整体性影响小的部位，以保证建筑结构的整体性。

④施工段的数目要满足合理组织流水施工的要求。施工段数目过多，会降低施工速度，延长工期；施工段过少，不利于充分利用工作面，可能造成窝工。

⑤划分施工段数的多少，应考虑机械使用效能、工人的劳动组合、材料供应情况、施工规模等因素。

施工段数的划分要合理，既不能过多，也不能过少。

当 $M = N$ 时，工作队能连续施工，施工段上始终有工作队施工，即施工段无停歇、等待现象，比较理想。

当 $M > N$ 时，工作队仍能连续施工，但施工段上有停歇现象。这时工作面的停歇并不一定有害，有时还是必要的，如可以利用停歇时间做养护、备料等工作。

当 $M < N$ 时，工作队不能连续施工而出现窝工，因此对其组织流水施工是不适宜的。

从上述情况可以得出，要想保证专业工作队能够连续施工，施工段数必须满足 $M \geq N$ 。

（三）时间参数

在组织流水施工时，用以表达流水施工在时间排列上所处状态的参量，均称为时间参数，主要包括流水节拍、流水步距、技术间歇时间、组织间歇时间、平行搭接时间和工期。

1. 流水节拍

在组织流水施工时，某个施工过程（或作业班组）在某个施工段上的持续时间称为流水节拍，以 t_i 表示。

流水节拍的数值大小，可以反映流水速度快慢、资源供应量大小。通常有两种确定方法：一种是根据工期要求来确定，另一种是根据现有能投入的资源（劳动力、机械台班数和材料量）来确定。流水节拍按下式计算：

$$t_i = \frac{P_i}{R_i \times b} = \frac{Q_i}{S_i R_i b} \qquad (式 1-2)$$

式中：t_i——某施工过程的流水节拍；

$\quad\quad P_i$——在一个施工段上完成某施工过程所需要的劳动量（或机械台班量）；

$\quad\quad Q_i$——某施工过程在某施工段的工作量（$i = 1, 2, 3, \ldots, m$）；

$\quad\quad S_i$——每工日（或台班）的计划产量（产量定额）；

$\quad\quad R_i$——某施工过程的施工人数（或机械台数）；

$\quad\quad b$——施工班组数。

2. 流水步距

在组织项目流水施工时，通常将相邻两个专业工作队在同一施工段上开始施工的合理时间间隔称为流水步距，以 $K_{i,\,i+1}$ 表示。

确定流水步距的原则如下：

①要满足相邻两个专业工作队在施工顺序上的相互制约关系；

②要保证各专业工作队都能连续作业；

③要保证相邻两个专业工作队在开工时间上最大限度地、合理地搭接；

④与流水节拍保持一定关系，应满足一定的施工工艺、组织条件及质量要求，例如钻孔灌注桩工程，必须保证钻孔与灌注混凝土两道工序紧密衔接（防止塌孔）。

3. 技术间歇时间

在组织工程项目流水施工时，除要考虑相邻专业施工班组之间的流水步距外，有时根据公路材料或现浇构件等的工艺性质，还要考虑合理的工艺等待间歇时间，这个等待时间称为技术间歇时间，如混凝土浇筑后的养护时间、砂浆抹面和油漆面的干燥时间等。技术间歇时间以 Z_1 表示。

4. 组织间歇时间

施工中由于考虑组织技术因素，相邻两施工过程在规定的流水步距以外增加的必要间歇时间，如基础开挖后的验槽所占用的时间，这种间歇时间称为组织间歇时间，用 Z_2 表示。

5. 平行搭接时间

为了缩短工期，在不违反操作规程及工作面允许的条件情况下，一个专业工作队完成部分施工任务后，能够提前为后一个专业工作队提供工作面，使后者提前进入施工段，两者在同一施工段上平行搭接施工，这个搭接的时间称为平行搭接时间，通常用 Z_3 表示。

6. 工期

工期是指完成一项工程任务或一个流水组施工所需的时间，一般可用下式表示：

$$T = \sum K_{i,\,i+1} + T_n + \sum (Z_1 + Z_2 - Z_3) \tag{式 1-3}$$

式中：$\sum K_{i,\,i+1}$ ——流水组中各流水步距之和；

T_n ——流水施工中最后一个施工过程的持续时间；

Z_1 ——技术间歇时间；

Z_2 ——组织间歇时间；

Z_3 ——平行搭接时间。

四、流水施工组织的方法

组织一个工程项目或某分部工程的流水施工，就是要使参与流水施工的各施工过程的专业施工班组，有节奏地从施工对象的各施工段逐个连续施工。根据施工对象及施工过程的特点，流水施工按其流水节拍的特征不同可分为等节奏流水施工、异节奏流水施工和无节奏流水施工等形式。

（一）等节奏流水施工

等节奏流水施工主要有全等节拍流水施工和等节拍不等步距流水施工。

1. 全等节拍流水施工

全等节拍流水施工是指参与施工的所有施工过程在各施工阶段上的流水节拍全部相等的一种组织流水施工方式。其特点如下：

①所有施工过程在各个施工段上的流水节拍相等。

②相邻施工过程的流水步距相等，且等于流水节拍。

③专业施工队数等于施工过程数，即每个施工过程成立一个专业施工队，由该队完成相应施工过程所有施工段上的任务。

④不存在组织间歇时间和平行搭接时间。

全等节拍流水施工工期可按下式计算：

$$T = (M + N - 1)t \qquad\qquad (式1-4)$$

全等节拍流水施工一般适用于施工对象结构简单、工程规模较小、施工过程数不多的工程。

2. 等节拍不等步距流水施工

等节拍不等步距流水施工指各施工过程的流水节拍全部相等，但各流水步距不相等（有的流水步距等于流水节拍，有的流水步距不等于流水节拍）。这是由于各施工过程之间，有的有技术间歇和组织间歇，有的可以安排搭接形成的。其总工期为：

$$T = (M + N - 1)t + \sum Z_1 + \sum Z_2 - \sum Z_3 \qquad (式1-5)$$

（二）异节奏流水施工

异节奏流水施工也被称为成倍节拍流水施工，是指在组织流水施工时，同一个施工过程在各施工段上的流水节拍彼此相等，不同施工过程在同一施工段上的流水节拍彼此不等而互成倍数的流水施工方法。

1. 异节奏流水施工的基本特点

①同一施工过程在各施工段上流水节拍彼此相等，不同施工过程在同一施工段上的流水节拍彼此不等但互成倍数。

②流水步距彼此相等且等于流水节拍的最大公约数。

③专业施工班组数目大于施工过程数。

④若各专业班组能够保证连续施工，施工段没有空闲。

2. 异节奏流水施工的组织步骤

①计算流水步距。流水步距等于流水节拍的最大公约数。

②计算各施工过程的专业施工队数目 b_i。小施工队数目 b_i 按下式计算：

$$b_i = \frac{t_i}{K} \qquad\qquad (式1-6)$$

式中：b_i——施工过程 i 的专业施工班组数目；

t_i——施工过程 i 在各施工段上的流水节拍；

K——流水步距。

③计算总工期 T。将专业施工队数目的总和 $\sum b_i$ 看成施工过程数 N，按等节拍不等

步距流水方法安排施工进度。由于 $N = \sum b_i$，因此可以按式 $T = (M + N - 1)t + \sum Z_1 + \sum Z_2 - \sum Z_3$ 来计算总工期，如下式：

$$T = \left(M + \sum b_i - 1\right)K + \sum Z_1 + \sum Z_2 - \sum Z_3 \qquad (式1\text{-}7)$$

（三）无节奏流水施工

无节奏流水施工也被称为分别流水，是指同一施工过程在各施工段上的流水节拍不完全相等的一种流水施工方式。对于道路工程施工来说，沿线工程量的分布都是不均匀的，而大中型桥梁或路基土石方的高填深挖又为集中型工程，因此，实际上各专业施工队在机具和劳动力固定的条件下，流水作业速度不可能保持一致，即各施工段上同一施工过程的流水节拍无法相等。无节奏流水施工是流水施工中的普遍形式。

1. 无节奏流水施工的特点

①每个施工过程在各个施工段上的流水节拍不尽相等。

②相邻施工过程的流水步距彼此不尽相等。

③专业施工班组数目等于施工过程数。

④每个专业施工班组能够在施工段上连续作业，个别施工段可能有空闲。

2. 流水步距的确定

①分别将两相邻施工过程在不同施工段的作业时间（流水节拍）逐项累加，得出两个累加数列。

②将后一施工过程的累加数列向后错一位与前一施工过程的累加数列对齐，逐个相减得到第三个数列（仅取正值），从中取大值即为相邻两个施工过程的流水步距 $K_{i,\,i+1}$。

3. 计划工期的确定

$$T = \sum K_{i,\,i+1} + T_n + \sum (Z_1 + Z_2 - Z_3) \qquad (式1\text{-}8)$$

第二章 公路工程招投标基础

第一节 招标的准备与标底的确定

一、招标的准备与实施

(一) 招标筹备

公路工程项目从批准立项，到完成招标文件设计阶段，称为招标前期准备阶段，而后便是进行工程招标工作。项目建设单位（业主）把工程项目的规模、标准、合同段划分、工程量、工期要求等情况，通过报刊、网络等媒体向社会公开招标或是通过邀标的方式进行招标。其程序为：发出投标邀请书，发售招标文件，投标人投标，在公证人员的监督下开标，组织人员评标，发出中标通知书，签订合同协议书，至此一次完整的招投标程序结束。

1. 施工招标应具备的条件

施工招标应具备如下条件：

①初步设计的文件已被批准；

②建设资金能够落实；

③项目法人已确定并符合项目法人的资格标准要求。

2. 成立招标组织机构

公路工程施工招标的招标人，应当是依照《公路工程施工招标投标管理办法》规定提出公路工程施工招标项目、进行公路工程施工招标的项目法人。

可以自行办理招标事宜的招标人应具备以下条件：具有与招标项目相适应的工程管理、造价管理、财务管理能力；具有组织编制公路工程施工招标文件的能力；具有对投标人进行资格审查和组织评标的能力。

招标人不具备上述规定条件的，应当委托具有相应资格的招标代理机构办理公路工程施工招标事宜。

招标组织机构由招标办公室、评标小组和招标工作委员会组成，三个机构的具体分工如下：

招标办公室负责编制招标投标工作计划、招标文件、标底及评标办法，发布招标信息，组织现场考察，答疑，办理好与投标人之间的往来文件，为招标投标过程提供所需资料、数据及各种表格，对投标文件进行初步审查并向评标小组报告工作，完成好招标投标过程中的各种具体业务直到发出中标通知书。

评标小组审核清标小组的清标工作报告、审定评标办法、评标打分并向招标工作委员会推荐中标候选人。

招标工作委员会负责招标投标工作中的行政监督，协调各方面关系、批准和审定招标投标工作计划、研究解决招标投标工作中的重大问题、检查督促招标投标工作的进度情况、审核评标小组的评标报告、确定中标人。

3. 委托招标代理机构

一般来说，招标是十分复杂的系统工程，具有完整的程序和专门的要求，其环节多，专业性强，相关的组织工作也很繁杂。所以，单纯依靠自己单位的专业技术人员，通常并不能完全满足招标工作的实际需要。同时，在相同的环境下，相同的工作团队容易形成群体的思维，这样会造成工作中的知识盲点，会引起工作失误。而委托招标则充分利用了招标代理机构的资源及能力，能够取得借鸡下蛋的功效。招标代理机构是指从事招标和投标活动的专业组织，其在技术力量和招标经验等方面具有一定专业优势，能够制作出比较规范和完善的招标文件，可以按照规范的程序，有效地组织招投标的全过程，避免纠纷的发生，这样一来，可以为招标人节省大量的时间、人力、物力等资源。

招标人与招标代理机构双方是委托代理的关系。招标人委托招标代理机构后，在其代理权限范围内，以招标人的名义来组织招标的工作，而招标人要对招标代理机构的代理行为承担相应的民事责任。招标人需要同招标的代理机构签订书面的委托代理合同，以明确招标代理机构的代理权限、范围，责权分明，以避免越权代理引发纠纷。

4. 准备招标的图纸

通常来说，招标人编制的标底与投标人编制的投标报价，都应该以设计的图纸为依据来计算相应的工程量，同时设计又是施工活动的依据。因此，设计是工程造价的重要基础，如果设计的深度不够或者设计与工程当地的自然条件等不相符合，必然会导致施工过程中变更的大量出现，从而会使工程的实际造价背离合同价，导致工程的费用失控。

施工招标最好以施工图为基础。在通常情况下，初步设计完成后，项目法人就已经开始确立，建设的资金一般也能够落实到位。通常工程的施工图设计周期很长，如果等到施工图设计全部完成之后再开始招标，致使已经筹集的资金搁置很长的时间，进而开工时间也会推迟，从而导致带有时间价值的工程造价大幅增加。按照项目法人的要求，当然是尽早开工、尽快获益，这必然会造成工期的矛盾。为解决上述矛盾，某些项目选择在初步设计的阶段进行招标。这样，虽然工期的问题得到了解决，但初步设计是宏观性的、方案性的文件，且经过初步设计审查以后可能还会有许多有待完善和修改之处。与此同时，作为初步设计的概算，其主要是国家对现有建设的项目进行投资控制的基本指标，也是公路基本建设项目的投资最高限额。所以，按照初步设计文件进行招标及参照概算来编制标底，必定会造成工程实施以后大量的设计变更，工程量不够准确，工程的造价失控。

5. 计算工程量

目前，公路工程招标多数采用单价合同形式。因此，招标文件中应包含工程量清单，工程量清单中的工程量应根据施工图计算，计算应尽量准确，避免漏项，可以采取多人平行计算互相复核的方式进行核对。计算方法应与招标文件规定的计量支付规则一致。尽量避免签约后发生索赔和不必要的变更。

6. 编制招标文件

招标文件应当载明以下主要内容：

招标公告（或投标邀请书，视情况而定）；投标人须知；评标办法；合同条件及格式；工程量清单；图纸；技术标准和要求；投标文件格式；投标人须知前附表规定的其他资料。

招标文件在整个招标过程中起着至关重要的主导作用，是投标人编制投标文件的依据，关系到招标人能否选到一个优秀的承包商；招标文件又是招标人与中标人签订合同的基础，是合同的重要组成部分，是在工程实施过程中合同双方都应该遵守的准则，也是发生纠纷时进行判断、裁决的依据，招标文件关系到工程的顺利实施，也涉及招标人和承包商双方巨大的经济利益。"一份完善的招标文件已将工程管理工作完成了一半"，并可形成管理上的良性循环。

招标人应十分重视编制招标文件的工作，要本着严谨、齐全、周密的原则，以"范本"为基础，对招标投标双方在招标活动各个阶段的要求和行为进行明确和规范，防止因招标文件中的疏忽遗漏而造成投诉或让中标人在施工过程中增加索赔的机会，给招标人造成损失。

招标文件用词必须严谨、精练、意思明确。评标时要注意投标人有无设置索赔的条文和含糊不清模棱两可的词句。如果招标文件或投标文件有类似词句可能给合同履行带来经济上的损失，就必须在澄清问题时要求投标人说清楚，或者在合同签订时增加有关条款，防止招标文件或投标文件因为文字表达不清而招致的风险。

合同的履行和奖惩条款及许多经济问题往往是跟日期联系起来的，包括合同生效日期、付款日期、结算日期、竣工日期等，各种日期的确定必须在合同中明确，避免由于日期的不明确而导致合同履行延长，影响整个工期，避免由于日期的不明确而产生经济上的纠纷。

招标文件中的工程说明应有针对性，即招什么工程的标，写什么工程的说明。工程说明作为投标须知的附件，其内容应简明、扼要，使投标人对所投工程的位置、范围和特点有所了解即可，投标人要想更详尽地了解项目情况，还可查阅参考资料，进行现场考察等。

专用条款和专用条款数据表给招标人留有很大的变通余地，但编写时宜注意其合理性，使其不失公正、公平的原则。一个好的合同，应能使风险和利益的分配达到最好的平衡。

在招标文件中可以将本标段的技术难点说明一下，由投标人根据这些技术难点做专题论述，这样，一来可以推动公路建设新技术、新工艺的研究和实施，二来专题论述给投标人和招标人都带来时间上的宽裕和交流上的深度，优劣更好评判。

加强招标文件编制工作力度，加大技术人员的投入，加大审查的力度，招标标底编制的时间、人力、物力和财力的投入要与项目工程量适应，保证复核工作，建议制定招标文件、标底文件编制审核管理制度，强制规定根据工程量最低限度所需要投入的人员、设备、时间，工程技术人员、造价编制人员、管理决策人员的资质要求、比例要求，复核人员的要求和规定，制定相应的奖罚制度；同时建立评估审查委员会，根据项目实施情况、变更发生情况和招标文件、标底文件发生的错、重、漏、误等情况执行奖惩。

7. 发布招标公告

《招标投标法》规定，招标人采用公开招标方式的，应当发布招标公告。依法必须进行招标项目的招标公告，应通过国家指定的报纸和刊物、信息网络及通过其他的媒介发布。通过媒体发布的招标公告，是企业了解招标信息的重要渠道。

招标公告应表述清晰下列内容：

①招标人名称、地址；

②招标项目名称、相应的技术标准、规模、投资情况、工期及实施的时间、地点等；

③获取资格预审文件、招标文件的流程、时间、地点；

④对潜在的投标人资质的要求；

⑤招标人认为应公告或告知的其他事项。

某些地方性的招标投标管理政策指定了另外一些地方性或专业性报刊发布招标公告，由于发布招标公告的媒体众多，容易导致信息发布的混乱。一些招标公告只在地方性的报纸上发布，有可能出现表面上的招标，实际上带有较强的倾向性，缩小了信息的传播范围，助长了地方保护主义，降低了竞争的激烈程度，同时很可能导致招标失败。

8. 进行资格审查

资格审查是指招标人对投标申请人的法人资格、营业执照、资质证书、业绩、信誉等情况所进行的审查。

施工队伍的资质，在一定程度上反映了一个单位的施工水平、机械设备、综合管理、财务状况等；资质的高低是全面衡量一个施工队伍整体水平的重要标志之一。因此，资质理应成为能否通过审查而进入市场的一个必要的前提条件。

考察承包商近几年来的业绩时，主要是看其有无建造不低于同等级公路施工的经历，特别是有无技术复杂大桥、隧道等的施工经历，避免选用经历不足、经验偏少的施工队伍，防止出现"公路成为练兵场"现象，导致事倍功半，影响投资效益。

在确认资质、业绩后，还要对承包商的实力进行调查。现代公路工程的施工，要求是高度的机械化，而机械设备、技术力量的投入是影响工程建设成功的决定性因素，因此，着重对拟投入本工程的机械、人员情况审查是必不可少的一道环节。

质量是工程的生命，信誉是企业生存的保证。工程招标的目的就是通过投入适量的资金购买到高质量的产品。在对施工单位进行考察时应注意两方面：有些单位不珍惜自己的声誉，不顾工程质量，片面追求高利润，走所谓"低价中标，高价索赔"的路子，在一定程度上丧失了信誉，对这样的单位审查时要坚决拒之门外；对资源投入少，往往造成拖延工期、质量差的大单位，也要拒之门外，例如铁路部门某单位在工程中，由于投入不足，致使工程进展缓慢，工期滞后严重，业主只好采取强行分包措施。此后凡该地区的公路工程一律禁止该单位参与，被列入"黑名单"，彻底堵塞了漏洞，同时也教育了其他单位。

资格审查是招标投标工作的一个重要环节，其工作质量直接关系到招标投标工作的效率和公正性。资格审查可以使招标人掌握各投标人的基本情况，排除明显不符合要求的投标人，控制投标人的数量。通过资格预审的投标人的数量应以 5~8 家为宜。

资格审查可以分为资格预审和资格后审两种：资格预审是招标人在发出投标邀请前，对投标申请人的投标资格进行的审查。只有通过资格预审的投标申请人，才能取得投标资格。资格后审就是在招标人发布招标公告后，投标人直接购买招标文件参加投标，开标后再进行资格审查。也就是说将资格审查放在评标阶段进行，资格审查将构成评标阶段的一项重要内容。对于一些急于开工，又不算复杂的工程项目，可不进行资格预审，而进行资格后审。

随着公路建设市场的逐步开放，关心支持公路建设、争相参与工程施工的单位越来越多，竞争日趋激烈。从众多投标单位的区域来看，他们来自祖国各地，四面八方；从行业看，他们来自公路、铁路、冶金、石油、水利、城建、市政等诸多部门；从经营方式来看，有国家大型企业、集体企业、合资企业和私营企业等。通过实行公开招标，为各施工企业提供了广阔的生产市场，同时也为业主择优确定理想的施工单位，减少业主风险，优质、高效、节约、按时完成工程建设项目，提供了先决条件。当前公路施工单位的资质管理还不够健全和完善，参与公路工程投标的单位有的是高资质低能力，"以小充大"的现象时有发生，一旦这样的单位中标，势必导致工程质量低劣，工期拖延，管理混乱，给业主造成损失，因此，要高度重视资格审查，真正做到"优胜劣汰"，保证业主利益。

（二）招标过程实施要点

1. 合理确定招标方式

公路工程施工招标应当实行公开招标，但是如果符合下述任一条件，不适合公开进行招标的，在依法履行审批手续后，仍可进行邀请招标：①项目技术复杂或有特殊的技术要求；②符合条件的投标人的数量有限；③由于自然地域环境限制的；④公开招标的费用占工程费用比例过大的。

2. 合理确定合同类型

招标人要合理地确定工程项目定标后的合同类型，施工合同的类型可以分为固定总价合同、可调总价合同、固定单价合同、可调单价合同。

一般来说，如果项目的施工周期不太长，施工图纸详细齐全，预计可能出现的设计变更比较少，可以选择固定总价合同，这样招标人能够尽早地控制投资。如果在固定总价的基础上再预留一定的不可预见费，就成为可调总价合同。如果项目的设计深度不够深，预计会出现一些设计变更，就应该选择固定单价合同。如果工程量变化太大，就可能需要改变施工方法，从而引起较大的单价变化，需要重新调整合同单价，就成为可调单价合同。如果预计在项目施工周期内会出现物价涨跌，特别是建筑材料和安装设备较大幅度的涨跌，则只能采用可调单价/总价合同。也可以采用调价公式法进行调价。

3. 合理进行标段划分

（1）标段划分的一般原则

对项目实施管理和规模化施工有利。标段划分太大时，中标单位管理上力不从心，可能完不成合同内容，业主只能指定分包，增加了业主的管理难度；标段划分太小了，会使施工成本增加，施工干扰增多，业主和监理的施工协调和管理工作量也将增加。当面向大型工程承包单位招标时，标段可以很大；面向小型的专业化施工队伍招标时，标段可以划得较小。

以最优化工程组合划分标段。根据公路工程以大量土石方路基及桥涵构造物等分项工程组成的特点，在标段划分时，应综合考虑标段内的土石方平衡，不要造成有些标段土方不够要外借，有些标段土方多余要弃方的情况。在外借土方较多的项目，要综合考虑地方道路与料场的位置，组合最佳的经济运距以降低工程成本。

以专业化分工划分标段。每个工程项目都有许多标准构件，如预应力 T 梁、空心板、路缘石等，若每个施工标段自行施工，将投入较大的资源和设备，质量也难以控制。因此，标准构件统一生产、安装，将为工程项目的质量提高和工程成本降低起到很重要的作用。此外，如特大桥、特长隧道等都是专业性很强、技术含量很高、设备投入很大的分部工程，在标段划分时，要以单独的标段进行招标。

按明确责任原则划分标段。招标时如果采取按照路基和路面分别划分标段，从表面上看是为了适应专业化的施工，节约资源，而从实践上来看则存在以下两个问题：其一是出现了质量问题后难以界定责任；其二是工期的衔接很难得到保证，带来的相应结果是投入的增加和工期的延误。

（2）标段划分过小的缺点

从承包方来看，因为标段划分得过小，参与项目实施的承包人数量增多，分别用于诸个承包人的调遣费、驻地建设、主要施工设备、临时用地、临时道路、供水供电线路和项目管理的费用等都要相对地增多，形成"小而全"的投入和配置，无疑会增加整个工程项目的间接费用。国际上常用的组合标折扣，即同时投中两个以上的标段，降价百分之几的做法，这个折扣率可以看作是从上述管理费或间接费中节省的。

标段划分过小，招标人和监理在工程的管理、协调、监督、验收等方面将面对数位以至十几位承包人，其施工进度、质量管理水平参差不齐，在施工过程中各种衔接、作业面交叉、时间安排及争议发生的概率都会增多，这无疑增大了管理、监理的工作量和工作难度。

过小的标段，无法吸引大公司、大企业和跨地区的承包人来投标。一般来说，在加强分包管理和严格禁止层层分包的前提下，大公司、大企业与小公司、小企业相比，其优势在于具有良好的履约信誉基础、管理规范、施工经验丰富、机械化程度高，对保证工程质量是有利的，但如果标段划分得过小，承包人无法充分开展机械化施工，大公司、大企业的优势就很难得到充分发挥，并且难以在标价上与小企业相竞争，他们出于企业生存和发展的考虑，会把精力放在较大规模的项目上，而对小项目关注度不高。至于吸引跨地区的承包人参与项目的实施，可能会带来一些新技术、新工艺和外地乃至海外成功的施工经验，对于本地区的公路建设会有借鉴和学习的作用，并对本地区公路施工水平的提高会有所帮助。但是，相对于本地区的公司、企业，跨地区的承包人的调遣费、某些材料的成本和项目管理的费用会更高，标段划分过小，这部分费用就无法摊薄，自然在报价上无法与本地企业竞争，从而影响他们跨地区参与投标的积极性。

（3）合理确定质量标准和合同工期

施工的工期应按批复的初步设计建设工期，结合项目的实际情况，合理确定。工期过短会增加施工成本，并可能对施工质量有较大影响；工期过长，会使业主的投资效益受到损失。

招标人应该合理地确定招标工程的质量等级，工程质量目标等级应实事求是，不必提出过高的要求，如国家级、省级、市级的各项质量奖，以免增加造价，造成浪费。

招标人最好在合同中根据确定的质量等级和工期要求，设置相应的奖罚条款，用以激励和约束承包商。

工期过长，投资的效益难以得到发挥，这样投资的回报就会减少，从而增加招标人的管理费用、监理费用及土地临时租用费用等，同样也会导致承包单位增加施工的管理费用和设备租赁费用等，造成投资额增加、投资的效益降低。如果工期过短，则难以确保工程的质量和安全，例如，某些大型桥梁和高填方的路段如果不能保证合理的施工周期，路基会发生下沉，桥头跳车等现象就会难以避免。一般来说，路面油层对施工温度的要求比较严格，在我国北方的大部分地区，一年有 5~6 个月的时间不能进行路面油层的施工。所以，工期过短或者对工期的安排不当，就会导致无法完成工程任务。如违背自然规律抢工期，则可能会造成工程的质量事故，这样也会相应地增加投资。

工期的设定不应一概而论，应结合当地的自然条件、工程规模、工程复杂程度、材料供给、资金状况、当地的施工水平等综合考虑，合理的工期既要能保证工程质量、安全，又要能保证合理的投资收益。

4. 合理确定投标文件的编制时间

《中华人民共和国招标投标法》中规定："招标人应确定投标人编制投标文件所需要的合理的时间；但依法必须进行招标的项目，从招标文件开始发出之日起至投标人提交投标文件截止之日，其最短不得少于二十日。"交通运输部规定："招标人应合理确定资格预审申请文件与投标文件编制的时间。编制资格预审申请文件的时间，从开始发售资格预审文件之日至潜在投标人提交资格预审申请文件截止时间，不得少于十四日。投标人编写投标文件的时间，从招标文件开始发售之日至投标人提交投标文件时间止，对于高速公路、一级公路、技术复杂的特大桥梁及特长隧道不得少于二十八日，其他公路工程不得少于二十日。"

当前，我国国内一些公路项目仍不同程度地存在缩短招标时间的问题。原因是多方面的，很多项目是由于国家加大了对公路等基础设施建设的投资力度，各地的交通主管部门大干快上，纷纷出台地方公路网规划并规定了最后的完工期限。由此，不少项目招标人在实际工作安排上是先确定最后通车期限，然后对项目实施的时间表进行倒排，从而压缩各个环节的时间，包括压缩招标采购时间，如招标文件在初步设计未完成的情况下即着手准备，招标提前进行，缩短投标人的投标时间，缩短评标时间等，此类举措会使正常的、规范的招标程序受到严重的影响，也会在后期项目实施过程中产生变更、索赔、不履约等问题。

二、标底的编制与确定

(一) 标底的概念及分类

1. 标底的定义

标底是指招标人依据概预算定额及概预算编制办法计算，得出来的工程造价，是招标人对拟建设工程造价的期望值。

标底是在我国工程招标过程中特有的一个概念，设立标底是针对我国当前工程建设市场的发展状况及我国的国情而采取的措施，设立标底是具有中国特色的招投标制度的具体体现之一。国内工程招标标底是与国际惯例之间的最根本区别，标底是招标人对招标工程的预期价格，也就是计划的价格。

按国际惯例，业主在工程招标的过程中会委托招标代理人或专业的造价估算公司来对工程造价进行估算，但估算造价只是作为投资额度和判断投标人报价高低的参考之一，不会将其作为评标的标准，其一般选择在实质上是响应了招标文件的最低评标价为中标单位。

标底在本质上属于我国计划经济的产物，它是以定额为基础进行计算的，反映了全国平均的生产力水平。但投标人的实力、经验和管理水平是各不相同的，与定额相比也有所不同，所以，单纯以标底为依据进行评标无法充分体现投标人之间真实实力，反而变成了各投标单位做标人员对于定额掌握熟练程度的竞争。即使采用了复合标底能够减少人为的干扰因素，但从本质来看也并不能改变标底的计划经济色彩，仍无法形成充分的市场竞争。

2. 标底的分类

（1）概算标底

概算标底是指以获得批准的概算的相应部分作为标底。这种方法，如果概算投资额与实际的造价存在较大差别，会对工程项目的实施管理产生不利影响。

（2）预算标底

预算标底是指招标人自行组织计算或委托专业的造价咨询公司等按预算定额来编制的标底。招标人自行组织编制标底时对其编制人员水平要求较高，应选择业务强、有经验的人员编制，这种方法在以往的公路工程招标中经常采用，近几年用得较少。这种方法既不能有效地降低工程造价，又不能从源头上杜绝腐败；委托造价咨询部门编制标底时，由于造价工程师与各投标人所处区域不同，掌握的标准可能也存在差异，因而标底的编制很难做到准确，同时也容易造成标底泄露。

（3）无标底

无标底是指招标人并不组织编制标底，而是以投标人投标价的加权平均值或该平均值乘以一个合理的下降系数来作为招标的标底。这种方法最显著的优点是不必担心针对某一投标人来编制标底或对标底的泄露。其缺点是多家投标人联合起来可能会操纵标底，从而操纵最终的中标结果，影响评标工作的公平性和公正性；如果多家投标人联合起来抬高标价，可以使中标价偏高，导致业主受到损失。

（4）复合标底

复合标底是指以投标报价的平均值与业主标底加权之和作为标底。在开标以前招标投标双方均不知道复合标底的具体数额，所以复合标底具有不可预知性。复合标底较好地解决了标底编制过程中的某些人为因素，有利于对投标报价的科学评价。复合标底综合了概（预）算标底和无标底的特点，可以有效地避免招标投标中的恶性竞争及围标、串标，较好地适应了当前我国公路工程建设市场由计划经济向市场经济转变过渡时期的现状，是目前使用范围最广的一种标底。

（二）标底的编制与审查

标底是评审承包商报价、支付单价和科学选择施工单位的重要依据之一，标底的确定必须结合工程项目实际情况，准确可靠。编制标底是整个招标工作的关键环节，对此应引起高度重视。

1. 标底编制的准备

标底的编制是一项严肃的工作。其一，标底的准确性和合理性将会直接影响到建设项目投资的合理利用；其二，标底直接关系到投标人的合理收入和投标的积极性。因此，正确地合理地编制标底是一项非常重要的工作。

一般来说，编制标底必须全面掌握招标文件中的投标须知、合同条款、技术规范及计量支付等相关内容，使标底的编制合理而准确，既不重也不漏。需要引起注意的是定额项目单位必须与工程量清单一致。

工程量清单一般是指按公路工程国内招标文件范本的规定进行编制，要注意工程量清单里面特殊说明的相关规定。必须仔细阅读招标文件相关内容，注意和工程量清单在数量上的对应。尽量按照设计文件的具体要求，根据合理的定额依据，编制出更加合理而实际的标底。

在土方工程施工中的取土和弃土位置的调查中，需要准确确定土方工程的施工方法及取土和弃土坑的位置及相应的运输距离。必须对材料价格进行现场调查，以了解建筑材料的具体参数和种类，熟悉诸如产地、产量、规格、运输方式、运距、装卸费等因素。应该明确各种不同材料的供应位置及其供应范围，按照最经济的材料价格来编制最合理的工程招标的标底。此外，要对临时工程中的便道、便桥及电力、电信线路和施工场地的用量、位置的现场等进行确定，需要特别注意电力的供应状况，要求能够合理地安排自发电与工业用电的比例。

注意收集工程相关的国家及行业的政策、法规、造价信息和地方政府等其他有关的资料。

2. 确定合理的施工组织方案

根据调查得到的资料并结合工地的实际情况，制订切实可行且经济合理的施工方案，这样才能够更客观地反映工程的详情，在编制标底时才能更精准地把握相关定额，确保相关费用更加合理。

根据招标文件和设计图纸，结合现场勘查的情况，可以绘制施工的平面布置图，其主要内容包括办公室、仓库、加工维修的车间和职工的生活区、临时性的建筑物、水电的供应线路和临时的排水设施、材料和机械设备等堆放的位置、大型构造物及路面材料拌和的施工场地，最后还要合理安排进出现场的便道便桥、电力电信线路和其他相关设施。

根据上述内容，绘制工程的概略图。根据技术组织和生产力组织等基本情况对施工的过程进行合理的时间概略安排，使得施工过程中的人、机、料的调配及租用的吊装设备等各项费用更为合理。

3. 选择合理的定额及相关费率

根据最佳的施工方案，选择合理的工程定额，按照交通运输部公路基本建设工程概预算编制办法规定及业主的相关要求综合选定相关费率。在选择使用定额时需要注意对应的工程内容的说明，要做好临时设施和吊装设备费用的分摊，个别缺项的定额可以采用补充定额或以调查项目单价的方式进行确定。

4. 确定材料半价

在上述说明的调查、收集资料的基础上，必须认真选定合格的材料原价，按相关部门的规定，合理计算材料的运杂费用和装卸费用等。对于自行采购的材料和自办运输，则可以套用交通运输部公路工程的预算。工程中所需材料名称的确定，可以用交通运输部公路概算的电算软件进行计算后确定。

5. 人员组成

参加编制标底的技术人员必须对设计内容、工程地质情况、施工方案、公路工程设计预算定额、取费标准、合同文件及施工现场管理等非常熟悉，在上述基础上才可能在编制标底时做到得心应手，少出纰漏，使编制的标底更加符合工程的实际。

6. 标底力求准确、合理，正确反映工程实际

编标标底的过程中必须以交通运输部定额和编制办法等作为依据，谨慎地选定各种费率。在确定标价时必须充分考虑以下几个方面因素的综合影响。

首先，在市场经济条件下，要充分考虑市场、价值规律的作用和国家经济政策对市场的影响。

其次，在技术革新的潮流中，要积极鼓励"四新"技术成果的应用，按图纸和合同文件的相关要求，充分考虑工程的施工工艺、设备材料及施工环境对造价的影响。

最后，在竞争日益激烈的公路建设市场下，要适当考虑竞争对标价的直接影响，必须充分考虑到施工单位的实际情况，标价的确定要高低适宜，使得投标人能够"有利可图"。

7. 标底保密

在编标期间，编制小组必须制定严格的纪律，要求全体成员认真遵守并给以必要的限制，严格限制小组人员与外界的通信联系与交往，以确保编标是处于保密状态下进行的，严防泄密。标底制定以后仅由一人汇总，上交分管领导来确定实际的标底，使得参加编标的其他人员也不能完全了解标底的实际数值，确保标底的严密性。

8. 标底审查

标底文件主要包括标底的编制说明，计价工程量清单，主要的人工和材料，机械数量和施工组织方案等。

审查根据定额计算的工程量。审查定额项目计算的工程量包括工程量清单的每个细目的个数，数量与组成的合理性；定额的采用及费率的取定是否充分合理等；在分析计算材料预算单价的过程是否有错误及不合理的价格等。

审查标底的编制依据。审查各种定额和人工工资，材料原价及各项取费标准的选用，是否符合国家及地区相关规定。

审查组成标底的费用。审查施工组织计划及施工方法的合理性，审查套用定额是否正确，补充定额的编制是否适合，审查各项费率的确定是否准确等。对应相关工程项目单价的费用分析标底单价，对于明显不合理的工程项目的单价，要仔细核查设计图纸工程量与标底采用的工程量的一致性，特别需要注意的是定额工程量的单位，避免发生较大的错误。

9. 编写审查报告

审查报告的主要内容包括审查单位和审查人，审查依据和审查中发现的问题，标底的修改意见，等等。保质保量地写好审查意见，与编标单位及其相关人员进行协调，以修改标底编制过程中的错误，从而确定更加合理的报价。

第二节　投标的技巧与方法

最近几十年中国经济持续快速发展，城市的基础设施不断完善。同时中国的经济体制也处在从计划经济向市场经济过渡的十字路口上，从中国市场经济演变的基本规律出发，已经取得了不小的成就。尽管如此，中国公路工程的施工投标活动并没有在良好的社会氛围下迅速发展。投标人在施工投标中，首先，要从合理先进的施工方法和相对低廉的投标费用方面下功夫，以中标；其次，再通过其他的投标手段，以提高中标质量或者中标后有更大收益。

一、对投标书的认识

投标书是投标人的投标策略、实力水平等的综合体现，正如施工图纸是工程师的"语言"，投标书也是投标人的"语言"。一般来说，投标人只有通过标书，才能详细地展示自身的实力，以明确表达投标的诚意，真心实意地提出投标的书面承诺。同时，招标单位也只能通过标书才可以客观公正并准确地评价投标人的实力水平。

（一）投标书是投标人投标意愿的重要表达方式

通常，招标人通过新闻媒介及其他公开方式向投标单位发出邀请，对来参加投标的单位详细介绍工程概况，带领投标人对工程的现场进行实地考察，并对其提出的疑问给以解答。这些过程明确表明招标单位的诚意及其对投标人的欢迎。在投标的过程中，投标人所持态度只有通过投标书才能表达。而标书的标价高低和整体质量则是衡量投标单位的技术水平和管理水平的重要标准。所以，投标人的投标愿望只有通过标书才能表达和实现。

（二）投标书是投标人自我展示实力的重要途径

公路建设市场是一个很大的开放性市场，招标单位不可能对参加投标的每一个单位都具有一个客观而全面的掌握。作为投标单位，可以根据招标文件的相关要求，借助投标书的方式，详尽地说明自己的技术实力和优势特点等，让招标人对其机构设置情况、设备和财务状况等有一个整体的认识。标书既要对自身丰富的经历给以说明，还要通过标书的施工组织设计等其他方面给以佐证。要力求实事求是地展示自身的成绩、实力和荣誉等，以便使招标人能够进行多方面的客观公正的评价，进而实现推介自己的目的。

（三）投标书是投标人向业主提交的书面承诺

投标书是投标人对招标文件的响应，投标人应该根据招标文件的相关规定，逐项逐条地予以确认并答复。也就是说，投标书是针对招标人提问式的要求而给出的具有书面承诺和保证的文件。在中标以后，投标书将具有法律效力，是招投标双方必须遵守的约定，所以应认真而谨慎地编制。

（四）投标书是投标人维护自身利益的原始依据

招标人和投标人签订合同协议书（除与招标文件不一致者外），表明招投标双方对投标书的内容均予以确认，所以双方都要恪守承诺。一旦出现违约，在诉诸法律时，投标书就是解决问题的原始依据，投标人可据此维护自身的合法权益。

综上所述，一份有竞争力的投标书，必须具备以下四个条件：第一，是有竞争力的报价；第二，是具有真实、齐全并且符合招标文件要求的标书内容；第三，是有充分展示投标人自身实力的准确数据、严密的文字表述和优秀的图表照片等说明材料；第四，是具有针对性的、切实可行的、保障得力的质量保证体系和施工方案。

二、投标书的合理报价

一个优秀的投标书，其优秀之处的最佳体现就是投标报价。投标单位能否中标，合理的投标报价是业主招标时首先考虑的主要因素，同时也最能表现投标单位的实力，一个精明的投标单位，其高超的投标艺术表现就是使自己的投标报价尽可能接近标底价格，或控制在标底价格的 $-15\% \sim +5\%$。想要做出让业主能够接受和满意的合理报价，要切实做好下面的工作。

（一）编制准备

编制标书并不是一个简单的工作，它是决定投标成败的一个十分关键的环节。前期的准备工作做得是否充分将对标书的质量起到决定性作用。因此，编标前必须做好以下几点：

一是成立一个知识结构相对合理，经验丰富并且富有敬业精神的编制团队。投标人的意志和决策等很多信息都要通过标书来传递，标书的水平高低、质量优劣等也是标书编制人员对问题的理解程度、自身经历及个人业务水平的综合反映。因此，标书编制团队的专业要齐全，必须包含工程技术、工程造价、财务、机械等相关专业的骨干技术人员。此外，构成成员中还应该包括经历和经验丰富，逻辑思维能力强及文字功底深厚的专家。与此同时，由于标书编制的工作量大，通常需要加班，有时还需要进行多次的现场考察和社会调研；上述的外业工作也要求必须高精度、细致而全面地完成，包括偶尔会遇到的意想不到的困难等。因此，参加标书编制的人员必须有吃苦耐劳、任劳任怨的敬业精神，这些都是一份优秀标书编制过程中必不可少的基本条件。

二是必须对工程项目本身有一个清晰的认识。标书编制人员应该通过现场实地考察和咨询、调查等多种技术手段，尽量多地获取工程相关信息，并对其加以整理，取精去粗，存真去伪。

三是应掌握竞争对手的基本情况，做到知己知彼，百战不殆。若想获得竞争最后胜利，必须对竞争对手做必要的了解。只有将对手竞争的动向及其特点搞清，才能在标书的编制过程中准确突出自己的竞争优势，提交一份适合竞争的报价，从而掌握竞标的主动权。实践证明，市场的竞争是残酷的，每一个标段一般都有大量来自诸如铁路、公路、水利等各行业的队伍，从五六家至十几家，尽管参与竞争的对手在各地占有各不相同的市场，其竞争的目的也大不一样，有的是为了打开市场，有的则是为了巩固市场，可能有的只是为了了解市场。所以，准确地把握竞争对手的心态差异，搞清其真正竞标的目的，就有可能既中标，又可以获取最大的经济效益和社会效益，这样的话，标书编制工作就可以更加从容，更富含针对性。

（二）正确把握标书编制的依据和原则

在准备工作完成以后，即进入标书编制的实质性阶段。在此阶段，一般要充分利用已经积累的经验和收集到的信息，分析研究的意图和招标人的心态，多下功夫，编写出符合招标单位要求的标书。在此过程中，招标文件是编制标书的主要依据和原则。首先，要认真仔细地研读招标文件，做到准确理解和把握招标文件的具体要求与规定，这是标书编制过程中必须遵循的指导思想，也是编制符合工程实际、内容齐备标书的重要前提。因此，理解一定要准确，不能出现误差。要明确工程的专用条件中的特殊要求，以避免漏项和重报，从而造成额外损失。此外，采用合理的预算编制定额、适当的综合费率、科学先进的施工工艺也是编标时应遵循的原则，依靠科技降低成本，是最具竞争力的"撒手铜"，也是业主大力提倡的。因此，编标时要在报价中充分向业主表明这一点，以期得到业主的信任。

（三）认真进行标价清单的复核

编标结束前还要对标价清单进行详细的复核，按照招标文件提供的工程量清单逐一进行对照复核，避免漏项、重计和算术性错误，不至于功亏一篑，前功尽弃，丧失一次机遇。

三、投标书的报价策略

（一）采取合理调价的策略

在公路项目的投标价格中，一定要针对实际的价格状况做出合理的调价处理。对于每一家投标公司而言，基本上都会采取这个方法。但是在实际中的调价策略有很多种，在不少时候公司往往都会通过保本低价的方法来获得经营利润率，这样使得整个目标的价格更加准确，但在一般情况下，一定要维护好最基本的投资本金，在本钱回收的同时得到最高的经营利润率，这样才可以真正达到合理调节价格的目的。通过调价的方法来对其实施投标报价管理能够在竞争中取得优势，进而给本公司创造一定的机遇。

（二）采用不平衡报价的策略

在总价确定以后，在不提高投标报价和影响中标的前提下，可以通过调整报价细目，以期望获得最理想的经济效益。这一策略对于单价合同尤其适用，工程量最终按实际结算，利用其工程量清单中的个别或部分工程量错误，分析将来施工时可能增加或提前结算的项目，将其所在的单价提高；反之，项目的单价相应降低。二级以下的公路设计一般较不成熟，尤其是排水等结构物在实际的施工过程中，通常有所增加。此时，可适当提高管涵等结构物的单价。在采用不平衡报价的策略时，特别应注意涉及数额较大的不平衡报价有可能导致废标。

（三）通过多方案的报价法对价格信息进行分析

在公路等建设项目所进行的工程招标中，一定要通过一些招标文件，对项目的价格信息加以分析，比如，有些地方在新开展的工程招标中，会使用一些不公平的价格条件和不清晰的基本资料，在这种地方也需要通过多方案的报价方式，按照招标文件的基本信息报价，以便给出新的条件，将所报价的价格相对压低，使得在效益最佳的基础上得到最佳的投标方案。不过，一定要根据招标文件的有关信息进行合规报价，否则即使报高价也将被认定为是废标。所以在方法的选择中，一定要选择中间的可行方法，其中的信息要完善。这样多种报价方案能够及时合理地处理在报价过程中产生的一些紧急事件，以提高中标的可能性。

（四）突然降价法

在进行重大工程公路施工投标价格过程中，一定要对投标的实现做好监控，并对于最后的价格进行突然降价，制定好最后的投标价格，这样才能在整个投标过程中使投标者和招标人之间的整个价格过程都达到秘密监控的目的。这样在做出最后投标价格之时，很多的基本信息就可以严格保密工作，不至于被人泄漏，在必要的时刻还可以通过这些情形来采用预防措施，制定好基本的降价幅度预测，在最后阶段做出合理的价格决定。这样才能使得公司把投资成本限制在自身的预算编制范畴之内，同时还可以获得较大的投资收益，进而推动投标中标路线预算编制的可持续性发展。使用这个方法，要注意其中的几个关键点，在公司最后实现减价之时，必须与财务人员和工程部门有关技术人员进行磋商，并把减价的幅度范围限制在预算编制的基本范畴以内，这样才可以保证对整体的投资估算方法和项目的施工方法都做出科学合理的分析，才可以在后期的投资建设管理中得到较大的经济效益。

（五）以获取较高收益为报价策略

在预算公路的投标价格书编制流程中，为给公司带来收益，对利润的估算需要从多个要素出发，包括按照施工的时间、难易及其地质条件和水文、地质、天气等外部环境，对项目投标收益估算过程的科学分析也是对估算方案的科学设计，从而对工程的预算管理有一定的帮助。所以，针对公路施工估算方案编制投标书，施工管理人员要尽快转变对项目的投资理念，合理制订估算方案，保证项目投标的收益。

四、投标书的报价技巧

公路工程施工投标报价技巧是指在公路施工投标中采用一定的策略来达到中标的目的。在公路工程施工的投标过程中，合理且有效的报价技巧不仅能够提升中标的概率，而且有助于减少企业成本预算。"低利政策"的采用能使标价降低，报价中通过各种方法相辅相成，相互配合来提高战胜对手的可能性。常用的报价技巧一般有以下几种。

（一）不平衡单价法

在公路工程施工报价过程中，依据前期编制的预算文件，控制投标总价水平不变，将一部分项目的单价调高，一部分的单价降低，要严格控制调高降低的幅度在风险控制之内。例如，在某高速公路的施工项目中降低贷款的预算额，提高工程人员成本，降低运输费用，提高材料单价，恰当的单价变动不仅符合市场的变化需求，而且有利于在施工过程中收回前期资金，减少资金占用时间。

（二）无形标价

在投标文件中，善于利用时间差，利用某些不以价格形式表达的"无形价格"，创造谈判的余地，争取收益，如利用利率差、汇率差等。

（三）合理利用调价系数

公路工程施工承包合同中会包括价格调整的条款，并给出调价系数的计算公式，付款时承包人根据系数获得物价上涨的补偿，在投标报价时利用公式中的未定系数，对比增长速度不同的物价，获得较高的调价系数，在分项工程中系数较大的报较高的单价等，可以获得较高的补偿。

（四）公路工程经营投标方法策略及建议分析

1. 立足投标工作流程，做好规划部署工作

公路工程经营投标工作基本上可以视为一项集系统性与烦琐性于一体的工作内容。在工作流程表现方面，主要可以从有效获取招标文件及图纸资料方面入手，在此过程中，相关工作人员应该仔细研读招标资料，并对评标方法进行精准分析。根据分析反馈结果，做好成本测算及报价策略编制工作。

待上述工作流程结束之后，工作人员应该合理选用报价编制技巧做好投标报价编制管理工作。需要注意的是，投标过程中工作人员不可盲目投标，最好结合企业综合实力，准确发挥企业自身具备的优势条件。除此之外，工作人员应该立足工程项目实际情况，对投标风险问题进行事前识别与精准分析，以保障工程项目中标后的利润可以达到预期目的。

2. 合理组建经营团队，保障投标过程的科学性

对于公路施工企业投标工作而言，除了需要按照上述部署流程进行准确实施之外，还需要有专门的团队做好资格申请文件的收集及总结整理工作。一般来说，经营团队人员的资质能力表现在一定程度上会对投标过程产生至关重要的影响。为确保企业招标工作得以顺利完成，公路施工企业方面需要合理组建投标经营团队，实现对工程投标工作的全周期管理。

结合以往的管理经验来看，该经营团队可以由施工企业领导负责带领，在团队成员的组成上，主要可以从各部门调取优秀人员并要求其参与投标工作。待各小组组建完成之后，由领导人员统一对小组成员进行集中培训，并让每一位成员都可以深刻意识到自身岗位职责的重要性，并主动了解投标基础知识及投标工作情况。除此之外，为进一步助推投标工作顺利进行，企业相关部门应该针对投标工作策略及报价策略进行统筹规划与合理部署，最终由企业决策者确定投标报价策略。

3. 做好前期准备与分析工作，助推投标工作顺利进行

（1）市场调研

市场调研可以视为分析和测算的基本步骤。在产品品质可靠且安全的条件下，工作人员可利用询价或者参考近期类似工程等方式，对工程项目施工建设期间所运用到的人工、材料及施工机具等要素进行精准调研。与此同时，主动结合市场行情走向，明确造价信息波动情况，并根据物资供方市场行情波动情况，对报价进行合理判断。

（2）复核工程量的准确程度

投标企业应该针对招标图纸及工程量清单等关键资料进行认真解读，目的在于从这部分关键资料中确定工作范围并做好清单工程量的核对工作。其中，对于工程量清单漏项及工程量多算及少算等项目问题，相关负责人员应该以书面形式向招标单位提出，并让招标单位及时解决。对于招标单位无法更改或者不可更改的问题，负责人员应该按照核对后的工程量偏差值进行针对性处理，如可利用不平衡报价策略，合理确定投标报价。

（3）明确政策法规

在正式开展投标报价工作之前，工作人员应该对招标文件及政策法规进行深度解读，目的在于明确合同中约定的风险范围。因各省市地区在政策法规方面有差别，且跨省区域差别更为明显，企业在参与投标之前，应该对相关政策法规进行详细了解。

（4）测算成本

投标企业应根据企业施工技术及机械装备等消耗量标准情况，对定额进行合理编制。在编制过程中，企业应该综合主管部门及行业协会等平台发布的信息资料，按照清单工程量要求，对投标工程所涉及的计划成本费用进行合理测算，以减少工程中标后存在的风险问题。

4. 注重投标细节，确保投标结果的科学性与合理性

一般来说，公路施工企业在提交投标报价之前，需要对投标情况及施工现场环境情况进行详细了解之后，才可以确定投标报价策略。在此过程中，相关负责人员应该充分考虑到施工现场风险及企业可承担的风险能力，主动结合不确定因素表现对施工报价问题进行合理确定。其中，深入施工现场的调查人员应该对招标文件进行仔细研究，明确掌握施工现场工作范围及工程量等情况。需要注意的是，在此过程中，相关负责人员应该对施工现场地形条件及交通条件等因素进行重点把握，避免对后续施工造成不利影响。除此之外，在报价策略优化方面，相关负责人员可根据投标项目中标要求，对当前所制定的报价策略存在的不合理问题进行适当调整；或者也可以根据施工难易度及施工现场条件，对报价策略进行适当调整。

五、注重标书内容要充实，重点明确

社会各界对评标的工作都非常关心，招标方一般都能做到严肃认真，公平公正合理，客观而全面。除了标价因素外，业主通常还需要考虑诸如施工方法、质保体系、机械设备、工程管理等方面的因素。在编制标书时，一定要注重标书的真实性、完整性，千万不能通过夸大自己的实力，美化自己的信誉来博得业主的欢心，即使一时中标，也会在日后的施工过程中暴露出来，因此编制标书一定要做到以下三点：

一是标书承诺的真实性和可靠性。根据前述，投标书是要体现投标人严肃认真的诚挚态度的，标书中所列的业绩、设备、人员、有无分包及能否按时进场开工等各项承诺必须经得起实际的考察和实践检验。如有弄虚作假引起信誉危机，将在评标过程中处于不利的地位，甚至会导致失去再次投标的机会。

二是标书内容的符合性和完整性。招标文件对投标书的要求非常详细和严谨。投标书必须根据相关要求，严格按照规定的格式，将全部的内容翔实全面地展现出来。绝对不允许出现有违背招标文件规定和要求的相关内容，对招标文件问题的回答及说明务必做到完整具体、具有说服力。

三是标书技术方案的先进性和合理性。标书提供的施工方案要充分体现到投标人在施工经验上的优势，拟选用的施工方法应具有可行性和先进性，其主要应集中体现在分项工程、主要工序的合理科学安排，尤其是对关键的工艺、特殊构造物的施工方案更应重点明确，以使招标人能够通过方案对投标人的技术水平具有客观公正的全面认识。

第三章　公路工程施工招标、投标文件的编制

第一节　公路工程施工招标造价的编制

一、公路工程招标标底的编制

根据《中华人民共和国招标投标法实施条例》的规定，招标人可以自行决定是否编制标底，一个招标项目只能有一个标底，标底必须保密。

（一）标底的性质和作用

1. 标底的性质

标底是指招标人根据招标项目的具体情况，依据国家统一的工程量计算规则、计价依据和计价办法计算出来的工程造价，是公路建筑产品在建设市场交易中的一种预期价格。招标项目设有标底的，应根据批准的初步设计、投资概算，依据有关计价办法，参照有关工程定额，结合市场供求状况，综合考虑投资、工期和质量与实际变化相吻合，要有利于开展竞争和保证工程质量。标底中的市场价格可参考有关建设工程价格信息服务机构向社会发布的价格行情。

在建设工程招投标活动中，标底的编制是工程招标中重要的环节之一，是评标、定标的重要参考，且工作时间紧、保密性强，是一项比较繁重的工作。标底的编制一般由招标单位委托由建设行政主管部门批准的具有与建设工程相应造价资质的中介机构代理编制，标底应客观、公正地反映建设工程的预期价格，也是招标单位掌握工程造价的重要依据，使标底在招标过程中显示其重要的作用。因此，标底编制的合理性、准确性直接影响工程造价。

2. 标底的作用

标底是招标工程的预期价格，能反映出拟建工程的资金额度，以明确招标单位在财务上应承担的义务。

按规定，我国国内工程施工招标的标底，应在批准的工程概算或修正概算以内，招标单位用它来控制工程造价，并以此为尺度来参考投标者的报价是否合理，但不能以是否接近标底作为投标人的加分或减分项。中标都要按照报价签订合同。这样，业主就能掌握控

制造价的主动权。标底的使用可以相对降低工程造价；标底是衡量投标单位报价的准绳，有了标底，才能正确判断投标报价的合理性和可靠性；标底是评标、定标的重要依据。

科学合理的标底能为业主在评标、定标时正确选择出标价合理、保证质量、工期适当、企业信誉良好的施工企业。招投标体现了优胜劣汰、公开公平的竞争机制。一份好的标底，应该从实际出发，体现科学性和合理性，它把中标的机会摆在众多企业的面前，企业可以凭借各自的人员技术、管理、设备等方面的优势，参与竞标，最大限度地获取合法利润。而业主也可以得到优质服务，节约基建投资。可见，编制好标底是控制工程造价的重要基础工作。

（二）标底的编制原则

在编制标底的过程中，应遵循以下原则：

一是根据设计图纸及有关资料、工程招标文件，参照国家、行业、地方标准发布的定额、技术标准规范确定工程量和编制标底。

二是标底作为招标人的期望价格，应力求与市场的实际变化吻合，要有利于竞争和保证工程质量。

三是标底价格应由成本、利润、税金组成。一般应控制在批准的总概算（或修正概算）价格以内。

四是标底价格应考虑人工、材料、机械台班等价格变动因素，还应包括施工不可预见费、包干费和措施费等。

五是一个工程只能编制一个标底。

六是工程标底价格完成后应及时封存，在开标前应严格保密，不得泄露。

（三）标底编制的依据

标底编制的依据主要有以下几方面：

1. 招标文件

标底作为衡量和评审投标价的尺度，要将招标文件作为编制标底必须遵守的主要依据。另外，对于招标期间业主发出的修改书和标前会的问题解答，也是招标文件的一部分，同样是标底编制的依据。

2. 概、预算定额

概、预算定额是国家各专业部委或各地区根据专业和地区的特点，对本专业或本地区的建筑安装工程按照合理的施工组织和一般正常的施工条件编制的专业或地区的统一定额，是一种具有法定性的指标。标底要起到控制投资额和作为招标工程的预期价格，就应该按颁布的现行概、预算定额来编制。标底和投标报价编制的不同点之一，就是投标人可根据自己企业的技术措施、管理水平、企业定额或以往的工作经验来编制报价书，而不受国家规定计价依据的约束，而标底则必须根据国家规定的计价依据编制。

3. 费用定额

费用定额也是编制标底的依据。编制标底时，费用定额的项目和费率的取定可根据招标工程的工程规模、招标方式、招标文件的有关规定及参加投标的各施工企业的情况而定，但其基本费率的取费依据是费用定额。

4. 工、料、机价格

工、料、机价格是计算直接费的主要依据。人工工资应按国家规定的计价依据和当地规定的有关工资标准（如工资性津贴）计算；材料应按编制概、预算时材料预算价格调查的原则进行实地调查和计算，特别要核实路基土石方的取土坑、废土堆场和运输条件，砂、石料的料场的位置、储量、开采量、质量、运输条件和料场价格，当地电力、汽油、柴油、煤等的价格；机械价格应按交通运输部颁布的《公路工程机械台班费用定额》确定。

5. 初步设计文件或施工图设计文件

经上级主管部门或有关方面审查批准的初步设计和概算文件或施工图设计和预算文件，也是标底编制的主要依据。

6. 施工组织方案

具备完善的施工组织方案或施工组织设计，才能编好标底。标底的许多方面都与施工组织方案有关，如临时工程的数量，路基、路面采用的施工机械，钻孔桩的钻机型号，架梁方案等。

（四）标底编制的方法

目前我国建设工程标底的编制，主要采用定额计价法和工程量清单计价法两种。

1. 定额计价法

定额计价法也称工料单价法，是指根据招标文件，按照省级建设行政主管部门发布的建设工程计价定额中的工程量计算规则，同时参照省级建设行政主管部门发布的人工工日单价、机械台班单价、材料和设备价格信息及同期市场价格，计算出人工费、材料费、施工机具使用费，然后再依次计算企业管理费、利润、规费和税金，最后汇总得出建筑工程标底的方法。

2. 工程量清单计价法

工程量清单计价法也称综合单价法，是指招标人按照国家统一的《建设工程工程量清单计价规范》《公路工程工程量清单计价规范》计算出工程量清单，然后依据工程量清单计算所需的包括分部分项工程费、措施项目费、其他项目费、规费和税金在内的全部费用。其中：综合单价包括人工费、材料费、施工机具使用费、企业管理费和利润及一定范围的风险费用。

（五）标底编制的程序

1. 准备工作

（1）熟悉招标图纸和说明

标底编制前，应仔细阅读招标图纸和说明，如发现图纸、说明和技术规范有矛盾或不符、不够明确的地方，应要求招标文件编制单位给予交底或澄清。

（2）熟悉招标文件内容

对投标须知、合同条款、工程量清单和辅助资料表中与报价有关的内容要搞清楚，对业主"三通一平"的提供程度、价格调整的有关规定、预付款额度、工程质量和工期要求等都要明确。

（3）考察工程现场

对工程施工现场条件和周围环境进行实地考察，以作为考虑施工方案、工程特殊技术措施费和临时工程设置等的依据。

（4）进行材料价格调查

掌握当地材料、设备的实际市场价格，砂、石等地方材料的料场价、运距、运费和料源等也要调查收集。

2. 工程量计算

（1）复核工程量清单

首先要弄清楚工程量清单中工程数量的范围，应根据图纸和技术规范中计量支付的规定计算复核工程数量，如与工程量清单有出入，必须弄清楚出入的原因。

（2）按定额计算工程量

以工程量清单的每一个细目作为一个项目，根据图纸和施工组织方案，考虑其由几个定额子目组成，并计算这几个定额项目的工程量。

（3）确定工、料、机单价

根据准备工作中收集到的资料，计算和确定人工、材料、机械台班单价。

（4）计算综合费率

综合费率由措施费、企业管理费、规费等组成，要根据招标文件中有关条款和工程的自然条件、施工条件、工程分类等具体情况及《公路工程建设项目概算预算编制办法》（JTG 3830—2018）的有关规定计算其综合费率。

（5）计算工程项目总金额

按《公路工程建设项目概算预算编制办法》（JTG 3830—2018）计算各工程项目的总金额，也就是编制一个完整的概、预算。

（6）编制标底单价

根据工程量清单各工程细目所包含的工作内容及相应的计量与支付办法，在概、预算工作的基础上，对"分项工程概（预）算表"中的分项工程进行适当合并、分解或用其他技术处理，然后按综合费率再增加税金、包干费等项目后确定出各工程细目的标底单价。也可直接利用标底，在增加包干费等项目后算出每项的合计金额除以该项工程量则得出单价。以上表格请参照《公路工程建设项目概算预算编制办法》（JTG 3830—2018）。

（7）计算标底总金额

按工程量清单计算各章金额，其中100章总则中的保险费、临时工程与设施费、工程管理费、承包人驻地建设费等按实际费用计算列入，其余各章按工程量清单中的数量乘以计算得出的单价计算，然后计算工程量清单汇总表，得出标底总金额。

（8）编写标底说明

计算出标底总金额后，应写出标底编制说明。编制说明的内容与概、预算编制说明差不多，主要涉及编制依据、费率取定、问题说明等有关内容。最后将编制说明、标价的工程量清单、人工和主要材料数量汇总表等合订在一起，就完成一份完整的标底文件。

二、公路工程招标控制价的编制

招标人设有最高投标限价（招标控制价）的，应当在招标文件中明确最高投标限价或最高投标限价的计算方法，招标人不得规定最低投标限价。

（一）招标控制价的概念

《建设工程工程量清单计价规范》（GB 50500—2013）中给出了招标控制价的概念，招标控制价是指招标人根据国家或省级、行业建设主管部门颁发的有关计价依据和办法，及拟定的招标文件和招标工程量清单，结合工程具体情况编制的招标工程的最高投标限价。有的地方也称拦标价、预算控制价等。在《建设工程工程量清单计价规范》（GB 50500—2013）中，为了避免与《中华人民共和国招标投标法》关于标底必须保密的规定相违背，采用了"招标控制价"这一概念。

（二）招标控制价的编制原则

一是国有资金投资的工程建设项目应实行工程量清单招标，招标人必须编制招标控制价。若投标人的投标报价超过公布的招标控制价，则其投标作为废标处理。

二是招标控制价应由具有编制能力的招标人或受其委托具有相应资质的工程造价咨询人员编制和复核。工程造价咨询人接受招标人委托编制招标控制价的，不得再就同一工程接受投标人委托编制投标报价。

三是招标人应在发布招标文件时公布招标控制价；同时，招标人应将招标控制价及有关资料报送工程所在地或有该工程管辖权的行业管理部门的工程造价管理机构备查。

四是招标人不得对所编制的招标控制价进行上浮或下调。在公布招标控制价时，除公布招标控制价的总价外，还应公布各单位工程的分部分项工程费、措施项目费、其他项目费、规费和税金等。

五是招标控制价超过批准的设计概算时，招标人应将其报原概算审批部门审核。这是由于我国对国有资金投资项目的投资控制实行的是设计概算审批制度，国有资金投资的工程的招标控制价原则上不能超过批准的设计概算。

六是投标人经复核认为招标人公布的招标控制价未按照《建设工程工程量清单计价规范》（GB 50500—2013）的规定进行编制的，应在招标控制价公布后 5 天内向招标投标监督机构和工程造价管理机构投诉。工程造价管理机构受理投诉后，应立即对招标控制价进行复查，组织投诉人、被投诉人或其委托的招标控制价编制人等单位人员对投诉问题逐一核对。当招标控制价复查结论与原公布的招标控制价误差大于±3%时，应责成招标人改正。当重新公布招标控制价时，若自重新公布之日起至原投标截止期不足 15 天，应延长投标截止期。

（三）招标控制价的编制依据

一是《建设工程工程量清单计价规范》（GB 50500—2013）；

二是国家或省级、行业建设主管部门颁发的计价定额和计价方法；

三是建设工程设计文件及相关资料；

四是拟定的招标文件及招标工程量清单；

五是与建设项目相关的标准、规范、技术资料；

六是施工现场情况、工程特点及常规施工方案；

七是工程造价管理机构发布的工程造价信息，工程造价信息没有发布的参照市场价；

八是其他相关资料。

（四）招标控制价的编制内容

招标控制价的编制内容包括分部分项工程费、措施项目费、其他项目费、规费和税金。

1. 分部分项工程费

分部分项工程费应根据招标文件中的分部分项工程量清单项目的特征描述及有关要求，按规定确定的综合单价计算。综合单价应根据招标文件中的分部分项工程量清单的特征描述及有关要求、行业建设主管部门颁发的计价定额和计价办法等编制依据进行编制。综合单价中应包括招标文件中要求投标人承担的风险费用。

2. 措施项目费

措施项目中的单价项目，应根据拟定的招标文件和招标工程量清单项目中的描述特征及有关要求确定综合单价计算；措施项目中的总价项目应根据拟定的招标文件和常规施工方案按《建设工程工程量清单计价规范》（GB 50500—2013）中的有关规定计价。措施项目费中的安全文明施工费应当按照国家或省级、行业建设主管部门的规定标准计价。

3. 其他项目费

其他项目费包括暂列金额、暂估价、计日工、总承包服务费。暂列金额由招标人根据工程特点按有关计价规定进行估算确定，一般可以分部分项工程项目清单的 10%~15% 作为参考；暂估价中的材料单价应按照工程造价管理机构发布的工程造价信息或参考市场价格确定，专业工程暂估价应分不同专业，按有关计价规定估算；计日工应根据工程特点，按照招标工程量清单中列出的项目和有关计价依据计算；总承包服务费应按照省级或行业建设主管部门的规定，根据招标文件中列出的内容及要求计算。

4. 规费和税金

招标控制价的规费和税金必须按国家或省级、行业建设主管部门的规定计算。

三、公路工程设计阶段造价编制问题

（一）压缩投资估算

作为工程造价的源头，投资决策直接影响项目各类资源的配置能否达到最优。而某些项目在前期立项过程中为了加快审批速度，一味压缩项目的投资估算，这样虽然可能提高审核通过概率，但会给之后的超预算带来很大隐患。

（二）基础资料收集不到位

材料单价以定额站发布的信息比较准确，但也需要进行市场调查，然而，因设计工作时间比较紧迫，部分造价人员未能深入现场了解实际情况，导致材料单价计算无法达到预期的精度，进而给项目的总造价造成一定影响。

（三） 工程数量存在错误且始终未能发现

因设计人员缺乏足够的经验等，导致设计成果表达不准确或不清楚，给造价编制工作造成影响，但相关人员未能及时发现和解决。目前，工程数量大多采用电子表格形式，数据根据公式自动计算得出，虽然能简化人员的工作，但如果公式错误或数据输入错误，将导致所有与之相关的数据错误，进而给造价编制工作造成不小的影响。

（四） 造价工程数量和设计图纸不符

因不认真或赶进度，部分造价人员在工程数量填写的过程中出错，使造价工程数量和设计图纸不符，或设计图纸发生变动后未能对造价工程数量进行相应的修改，导致造价编制结果错误，造成一定程度的损失。

（五） 未能重视指标及定额要求

目前相关规范对估算指标及定额具有明确的说明，而且对部分项目定额调整方式也给了详细规定，若造价编制过程中没有对这些要求引起重视，将导致超出范围，使造价编制结果出错。比如，按照某说明的要求，如果土石方材料的运输距离达到 15 km，则需要按照社会运输要求对这部分费用直接按照定额标准进行套用，将导致土石方材料运输费用的编制和真实情况出现很大出入，给后续造价控制工作带来很大不便。

（六） 编制单位选择错误

在当前的造价编制工作中，大多使用统一的软件进行造价文件编制，此时在数据录入过程中可选择自动以定额单位为依据进行工程量的转化，若实际情况中没有选择，加之造价人员没有发现工程量单位存在的差别，将导致造价编制出现差错。比如路面基层摊铺工程量的单位为平方米，而基层摊铺所用混合料的计量单位为立方米，若在造价编制时没有对此引起重视，则很容易出错。

（七） 对征地拆迁方面费用的计算不够准确

在外业调查工作中，需要对征地拆迁数量及相应的赔偿费用进行计算，然而，因缺乏统一标准，各方提交的结果可能有很大差别，导致不同地方在赔偿费用上有明显差别，在这种情况下若盲目使用其中一种单价，将导致征地拆迁方面的费用不准，给之后工作的落实造成很大影响。

（八）漏计或多计项目

因造价人员缺乏相关经验或未能深入了解项目具体施工工序等，导致漏计或多计项目，以预制箱梁为例，不仅包含预制费用，还涉及导梁布置、龙门架牵引与混凝土生产等环节。须注意的是，如果造价编制过程中漏计了大型项目，将造成十分严重的损失。

四、公路工程设计阶段造价编制问题预防措施

一是对投资决策过程中估算编制工作引起足够的重视，只有编制科学合理的投资估算才能确保项目顺利通过审批。一味通过降低估算的方法是不正确的，而是要通过对方案的不断优化及技术比选来科学地降低造价，不能因为造价的降低使项目技术标准降低，或使质量受到影响。对于施工图预算，应严格按照图 3-1 的流程进行编制。

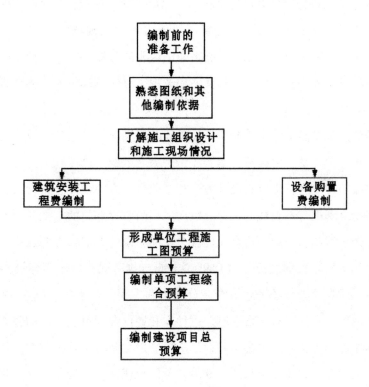

图 3-1　施工图预算编制流程

二是做好造价信息的更新，对基础资料开展详细调查与收集，包括所有外购材料的单价、地方可提供的材料的具体位置、运输距离与条件等，同时充分结合以往经验对单价信息予以准确掌握。

三是做好造价数据与设计图纸复核，避免设计图纸出错，并通过严格的横向对比与技

术经济指标分析提高造价人员自身判断力，及时发现设计图纸存在的错漏，同时第一时间将其反馈至设计单位，以免由于设计图纸存在错误导致造价编制结果出错。

四是在造价编制过程中应使用确定后的图表，若必须使用未能确定的图表，或需要在设计的同时进行造价编制，造价人员应加强和设计人员之间的沟通，将造价编制过程中发现的问题第一时间反馈给设计方，同样，设计人员也需要将设计产生的变更第一时间通知给造价编制人员，以此确保设计图纸和造价编制实现同步。

五是多了解指标与定额方面的要求，并牢记常用规定，在实际造价编制过程中应经常确认定额，严格按照相关要求套用，在数据录入过程中做好单位选择，以免单位出错导致最终的造价编制结果产生错误。

六是做好征地拆迁方面费用的全面调查，在外业工作中对具体的拆迁数量及赔偿费用进行认真调查，在严格执行国家相关标准及要求的基础上，对于无统一标准的部分可通过与当地有关部门协商的方式确定具体价格，当然也可参考当地其他类似项目所用标准确定。

七是为防止漏计或多计项目，首先要尽可能多地进入现场掌握施工工序及其工艺方法，然后在造价编制过程中应养成随时参考图纸说明的习惯，明确指标及定额要求，尤其是对定额说明进行深入分析，深入了解其使用范围，以保证定额套用结果的准确性。

八是造价人员应不断提高自身专业能力，积极参与各方开展的技术培训活动和交流会，并在平时的造价编制工作中不断积累相关经验，加强与其他部门及人员之间的沟通协作，尽可能实现资源共享，保证造价编制质量，为之后的造价控制工作奠定良好基础。

九是政府按照法规进行审批、设计方进行专业且认真的设计、造价人员严格控制是保证设计阶段造价合理性与准确性的关键。然而，当前政府部门的审批并不严格，甲方真正参与设计阶段造价编制与控制的机会还比较少，同时设计方造价控制意识还有待提升，对项目经济效益和工程造价的实际重视程度还未能与政府威信、诚信建设、设计方自身品牌、造价咨询单位竞争力与经济效益等充分联系到一起。基于此，应建立一个约束机制，由其承担相应的民事责任，对包含政府、设计方和造价咨询单位在内的各方进行约束，提倡并鼓励社会中的造价咨询公司参与到设计阶段造价编制与管理工作中。从根本上讲，最直接也是最有效的方式为减慢项目的前期策划及设计速度。项目要考察清楚以后再做，想做就要提前做好设计，还要有充足的投资保证。尽量减少建设时的风险和不确定因素。

十是在对设计方案进行优化时，推荐使用价值工程法，对项目功能要求和投资进行结合，充分考虑工程具体情况，既不可盲目追求减少成本，也不可能单纯提高功能，正确的做法是在提高功能的同时降低成本，以此得到功能性与经济性均能达到最佳的方案。在项目设计工作中，对技术和经济之间的关系进行处理，实现统一，这是投资控制的关键，设计与造价编制及管理人员之间应密切配合，通过对不同方案的综合对比，在反对片面追求节约而忽视了技术合理性的同时，避免设计过于保守或盲目追求提高技术，以此有效保证投资的合理性。

十一是在项目设计阶段进行造价编制与控制的主要目的在于编制与设计要求相符的任务书，使造价受控于决策投资阶段制定的设计文件，对此应大力推行限额设计。对于限额设计，并非单纯追究节省投资，而是要做到实事求是和精心设计，将画后算更改成边算边画，提高设计人员自身经济意识。同时要注意限额设计并非简单地降低工程造价，而是要始终坚持科学，通过优化设计充分结合技术与经济，并通过技术对比，经济分析与效果的综合评价，使实际投入达到最少，进而创造理想的经济效益。根据以往实践经验，在限额设计中可采取投资分解与工程量控制等有效手段。

十二是如果设计深度不足或图纸不完善，将使施工中的设计变更显著增加，最终导致项目投资不同程度地增加。为实现对工程变更的有效控制，需要对设计变更的审批制度予以不断完善。设计方要加强图纸审查，尽可能减少错漏和施工图变更，对于必须变更的部分，应尽可能提前，因为变更产生得越早，由变更造成的损失就越小。将变更控制在项目的设计阶段，同时做到先算账再变更，能防止借变更私自增加设计内容，或提高设计标准，确保投资得以有效管控。

第二节　公路工程施工投标报价的编制

一、投标报价编制的原则

报价的编制，一是要合理，就是要做得来，并留有余地。对于投标人而言，主要是符合企业的实际水平，符合本企业施工队伍的装备、人员和管理水平，对施工成本能起控制作用。二是要有竞争力，就是要符合市场的行情，并具有优势，能与强手相匹敌。前者取决于企业本身的实力和水平，后者则取决于市场的情势，包括竞争对手的实力、水平和市场的供求情况。二者可能有一定差距，但不能不兼顾，而且，前者必须服从后者。当施工企业的实力和水平达到市场高层次时，两者的差距就缩小了。

对于公路工程，其材料费用只占造价的 35%~50%（公路等级高，材料费比重大），其他为机械、人员和管理费用。而后者因施工队伍的装备和管理水平的不同及其他因素（地利、人和）的影响而有比较大的差异。因而，对于同一个项目，不同的施工队伍的工程成本变化较大，可能达到 15%~20%。因此，所谓合理报价，对于不同的施工队伍有不同的标准。当然，在一定条件下，经过一定的努力，这种标准也是可以改变的。各单位的报价只能适应当时的水平和条件，超越这种水平和条件就是不合理的。如果对于本企业是合理的报价，却比市场价格水平偏高，那么就只有认真分析，找出差距，采取相应措施，不断提高经营管理水平，降低工程成本，以期从根本上提高自身的竞争力；而不能只在投标技巧或降低回报率上下功夫，否则，就会造成恶性循环，酿成恶果。在竞争过分激烈的情况下，仍应按照自身的水平和条件进行报价，不能低于成本报价。在没有把握保本的情况下，宁可不中标，也不要贸然从事。

二、投标报价编制的依据

投标报价编制的依据主要有以下方面：

一是招标单位提供的招标文件。为保证投标的有效性，必须对招标文件给予全面的响应，因此招标文件是必不可少的编制依据。另外，业主在开标前规定的日期内颁发的有关合同、规范、图纸的书面修改书和书面变更通知具有与招标文件同等的效力，也是报价的依据。

二是招标文件所规定的各种国家标准、部颁标准、技术规范等。

三是国家、地方颁发的有关收费标准和定额及施工企业的工料机消耗定额。

四是工程所在地的政治形势和技术经济条件，如交通运输条件等。

五是本工程的现场情况，包括地形、地质、气象、雨量，劳动力、生活品供应、当地地方病等。

六是当地工程机械出租的可能性、品种、数量、单价，发电厂供电正常率及提供本项目用电的功率和单价。

七是当地劳动力的技术水平和供应数量。

八是业主供应材料情况及交货地点、单价，当地材料供应盈缺情况，建材部门公布的材料单价，并预测当地材料市场涨落情况。

九是本企业为本项目提供新添施工设备经费可能性，设备投资在标价中分摊费与成本的比率。

十是施工组织设计和施工方案。

十一是该项目中标后，当地的工程市场信息、有否后续工程的可能性。

十二是参加投标的竞争对手情况，各有多大实力，竞争对手信誉等。

十三是有关报价的参考资料，如当地近几年来同类性质已完工程的造价分析，及本企业历年来（至少五年）已完工程的成本分析。

三、投标报价编制的程序

工程投标报价一般应按下列程序进行：

一是研究招标文件，调查投标环境，对工程项目进行现场勘察；

二是制定投标策略；

三是复核工程量清单；

四是编制施工组织设计；

五是确定联营分包，询价，计算分项工程直接费；

六是分摊项目费用，编制单价分析表；

七是计算投标基础价；

八是获胜分析、盈亏分析；

九是提出备选投标报价方案；

十是决定投标报价方案。

在完成以上这些工作时，应注意以下问题：

一是仔细核实工程量。工程量是整个计算标价工作的基础。招标项目的工程量在招标文件的工程量清单中有详细说明，但基于种种原因，工程量清单中的工程数量有时会和图纸中的数量存在不一致的现象。因此，有必要进行复核，核实工程量的主要作用如下：

第一，全面掌握本项目须发生的各分项工程的数量，便于投标中进行准确的报价。

第二，及时发现工程量清单中关于工程量的错误和漏洞，为制定投标策略提供依据。

第三，有利于促使投标单位对技术规范中的计量支付规定做进一步的研究，便于精确地编写各工程细目的单价。

核实工程量可从两方面入手：其一，认真研究招标文件，吃透技术规范；其二，通过切实的考察取得第一手资料。具体来讲应做好以下几项工作：

A. 全面核实设计图纸中各分项工程的工程量。

B. 计算受施工方案影响而须额外发生和消耗的工程量。

C. 根据技术规范中计量与支付的规定，对以上数量进行折算，在折算过程中有时需要对设计图纸中的工程量进行分解或合并。

二是重视施工组织设计的编制。高效率和低消耗是编制施工组织设计的总原则，编制施工组织设计时应遵循连续性原则、均衡性原则、协调性原则和经济性原则。其中，经济性原则是施工组织设计的核心和落脚点，因此，在编制施工组织设计时，应注意如下事项：

第一，充分满足技术上的先进性和可靠性，最大限度地提高劳动生产率，降低施工成本。

第二，充分利用现有的施工机械设备，提高施工机械的使用率以降低机械施工成本。

第三，采用先进的管理手段，优化施工进度计划，选择最优施工排序，均衡安排施工，尽量避免施工高峰的赶工现象和施工低谷中的窝工现象，机动安排非关键线路上的剩余资源，从非关键线路上要效益。

第四，适当聘用当地员工或临时工，降低施工队伍调遣费，减少窝工现象。

投标竞争是比技术、比管理的竞争，技术和管理的先进性应充分体现在编制的施工组织设计中，以达到降低成本、缩短工期的目的。

三是明确报价的组成部分及内容。一个项目的投标报价由以下三部分组成：施工成本、利润和税金、风险费用。在投标报价中应科学地编制以上三项费用，使总报价既有竞争力，又"有利可图"。

四是掌握市场情报和信息，确定投标策略。报价策略是投标单位在激烈竞争的环境下为了企业的生存与发展而使用的对策。报价策略运用是否得当，对投标单位能否中标和获得的利润影响很大。

四、投标报价的计算方式

（一）投标报价的组成

国内工程投标报价的组成和国际工程的投标报价组成基本相同，但每项费用的内容则比国际工程报价少而简单。报价的组成主要有分部分项工程费、措施项目费、其他项目费、规费及税金等。

一是分部分项工程费，是指施工过程中耗费的构成工程实体性项目的各项费用，由人工费、材料费、施工机械使用费、企业管理费和利润组成。

二是措施项目费，是指为完成工程项目施工所必须发生的施工准备和施工过程中技术、生活、安全、环境保护等方面的非工程实体项目费用。

三是其他项目费，包括暂列金额、暂估价、计日工和总承包服务费。

四是规费，是指法律、法规、规章、规程规定施工企业必须缴纳的费用。

五是税金，是指国家税法规定的应计入建筑安装工程造价内的营业税、城市维护建设税及教育费附加。

（二）标价的计算

投标报价计算有工料单价计算法和综合单价计算法两种。

1. 工料单价计算法

根据已审定的工程量，按照定额或市场的单价，逐项计算每个项目的价格，分别填入招标人提供的工程量清单内，计算出全部工程量直接成本费，然后按企业自定的各项费率及法定税率，依次计算出间接费、计划利润及税金，另外，再考虑一项不可预见费，其费用总和即为基础报价。

2. 综合单价计算方法

按综合单价计算报价，是所填入工程量清单的单价，应包括人工费、材料费、机械使用费、其他工程费、间接费、计划利润和税金及风险金等全部费用，构成基础单价，即综合单价。这种方法用于单价合同的报价，报价金额等于工程量清单的汇总金额加上暂定金额。

（三）投标报价的计算与编制标底的区别

标底是按照国家规定的定额、取费标准、技术标准和规范等编制并报请有关部门审核批准后的工程价格，在评标时可能作为报价评分得分衡量的标准或一个参考价值。

投标报价是根据企业实际水平进行计算（因此采用的是企业定额而非国家定额），也可以根据本企业的需要上下浮动，无须报送建设主管部门审核批准。

五、投标报价策略与技巧

承包人在正常经营条件下要想在一项竞争性投标中获胜，最关键的问题就是要有一个恰当的报价。工程投标报价是一种竞争性的价格，实践证明，报价太高，无疑会失去竞争力而落标；报价太低，也未必能中标或者会变成废标。因此，恰当的报价应是一种适度的报价，同时还应当有一定的策略，才能在竞争中获胜。基于报价的策略和技巧问题归纳如下：

（一）报价策略

报价策略就是如何确定自己的报价，既能在投标竞争中取胜即中标，又能保证在中标后的实践过程中取得一定的经济效益。报价策略一般有以下几种：

1. 盈利策略

盈利策略即在报价中考虑了较大的利润值。这种投标策略通常在以下情况采用：建筑市场任务多；本企业任务饱满，利润丰厚；本企业对该项目拥有技术上的垄断优势。

2. 微利保本策略

微利保本策略即在施工成本、利税及风险费三项费用中，降低利润目标，甚至不考虑利润。这种投标策略通常在企业工程任务不饱满，无后继工程，或已出现部分窝工的情况；建筑市场供不应求（任务少，施工企业多），竞争对手多，本企业对该项目又无优势可言；业主按最低标定标时可采用。

3. 低价亏损策略

低价亏损策略即在报价中不仅不考虑企业利润，相反考虑一定的亏损后提出报价的策略。这种报价策略通常只在下列情况采用：为打入新市场，取得拓宽市场的立足点；在本企业一统天下的地盘里，为挤垮试图插足的竞争对手；在竞争十分激烈的情况下，为中标而不惜血本压低标价；本企业已大量窝工，严重亏损，如果能承担该工程至少可以使部分人工、机械运转，减少亏损。使用该种投标策略时应注意以下事项：第一，业主肯定是按最低价确定中标单位；第二，这种报价方法属于正当的商业竞争行为（不正当竞争行为是一种违法行为）。

4. 冒险投标策略

冒险投标策略即在报价中不考虑风险费用，这是一种冒险行为，如果风险不发生，即意味着承包人的报价成功；如果风险发生，则意味着承包人要承担极大的风险损失。这种报价策略同样只在市场竞争激烈，承包人急于寻找施工任务或着眼于打入该建筑市场甚至独占该建筑市场（以后靠长期经营挽回损失）时才予以采用。

以上是投标报价的四种常见策略，投标报价过程中，可以在以上四策略的基础上采用以下几种附带策略：

（1）优化设计策略

优化设计策略即发现并修改原有施工图设计中存在的不合理情况或采用新技术优化设计方案。如果这种设计能大幅度降低工程造价或缩短工期且设计方案可靠，则这种设计方案一经采纳，承包人即可获得中标资格。

（2）补充投标的优惠条件

①缩短规定的工期，通过先进的施工方案、施工方法、科学的施工组织或者优化设计来缩短合同工期。当投标工期是关键时，则业主在评标过程中会将缩短工期后所带来的预期收益考虑进去，此时对承包人获取中标资格是有利的。

②施工完后免费赠送进场的施工机械或设备。

③不要求招标人提供预付款等，以增加投标竞争力，争取中标。

（3）低价中标，着眼索赔

低价中标，着眼索赔即在发现招标文件中存在许多漏洞甚至许多错误或业主的施工条件根本不具备，开工后必然违约的情形下，有意报低价格，先争取中标，中标后通过索赔来挽回低报价的损失。这种策略只有在合同条款中关于索赔的规定明显对己方有利的情形下方可采用，对于以 FIDIC 条款作为合同的项目招标不宜采用这种方法。

投标人不仅要掌握报价策略和技巧，还应在制定报价策略时考虑各种因素，见表3-1。

表 3-1　在制定报价策略时应考虑的各种因素

高报价策略	低报价策略
施工条件较差。如施工场地狭窄，不易开展工作，或施工干扰如交通干扰很多的工程	施工条件好。如施工技术简单，适应于大机械化作业，技术标准高或规模大的高速公路路基土石方工程（作业面大，便于发挥机械施工效率）
专业要求高的技术密集型工程。竞争对手无施工经验，本企业有技术专长，声望较高	本企业因发展急于打入该建筑市场，或虽在该地区施工多年，但眼前无施工任务，如果转移到外地施工迁移费用很高，不利于企业发展
总价低的小工程，及自己不愿意做而被邀请投标，但又不便于不投标的工程	附近有工程，而本项目可以综合利用已到场的闲置机械设备和劳动力，或有条件可以在短期内完成的工程，或可以综合利用即将做弃方的土石方工程或可利用原有的周转性材料的工程
业主对工期要求急的工程	非急需工程
投标对手少的工程	投标对手多，且竞争激烈的工程
支付条件不理想，风险较大的工程	支付条件好，风险较小的工程

（二）报价技巧

投标报价时采用一定技巧，中标后可能取得更多的收益，这种收益是正常的。常采用的报价技巧如下：

1. 不平衡报价法

不平衡报价是在总价基本确定不变的前提下，调整工程各子项单价的报价方法。不平衡报价法可以从以下两种情况考虑：

（1）从时间上处理

由于资金具有时间价值，获取收入的时间不同，对承包商来说其收益也不一样。就时间而言，不平衡报价法有以下四种方法：

①早期摊入法。即将投标期间和开工初期须发生的费用全部摊入早期完工的分项工程中。这些费用有投标期间的各种开支、投标保函手续费、工程保险费、部分临时设施费、由承包商承担的监理设施费、施工队伍调遣费、临时工程及其他开支费用。采用不平衡报价法时，可以将工程量清单中的这些费用支付项目适当提高报价，由于这些费用支付时间较早（通常在开工初期支付），这样报价便于承包商尽早收回成本或减少周转资金。

②递减摊入法。即将施工前期发生较多而后逐步减少的一些费用，按随时间发生逐步减少分摊比例的方法摊到各分项工程中。这些费用有履约保函手续费、贷款利息、部分临时设施费、业务费、管理费。

③递增摊入法。其方法与递减摊入法相反，这些费用包括物价上涨费等费用。当承包人预测物价上涨率在施工后期较高甚至超过银行利率时，可以采用递增摊入法来报价。

④平均摊入法。即将费用平均分摊到各分项工程的单价中。这些费用包括意外费用、利润、税金等费用。

（2）从单价上处理

①先期开工的项目（如开工费、土方、基础等）的单价报价高，后期开工的项目如高速公路的路面、交通设施、绿化等附属设施的单价报价低。

②估计到以后会增加工程量的项目的单价报价高，工程量会减少的项目的单价报价低。

③图纸不明确或有错误的，估计今后会修改的项目的单价报价高，估计今后会取消的项目的单价报价低。

④没有工程量，只填单价的项目（如土方超运）其单价报价高（这样既不影响投标总价，又有利于多获利润）。

⑤对暂定金额项目，分析其让承包人做的可能性大时，其单价报价高；反之，报价低。

⑥对于允许价格调整的工程，当利率低于物价上涨时，则后期施工的工程细目的单价报价高；反之，报价低。

2. 扩大投标报价法

扩大投标报价法即除了按正常的已知条件编制价格外，对工程中变化较大或没有把握的工作，采用扩大单价、增加"不可预见费"的方法来减少风险。

3. 多方案报价法

多方案报价可能有以下两种情况：

①有些工程项目，业主要求按某一招标方案报价后，投标者可以再提出几种可供业主参考与选择的报价方法。其方法是，按原工程说明书和合同条款报一个价格，并加以注释，"如工程说明书和合同条款可做某些改变时，可降低多少费用"，使报价成为最低，以吸引业主修改说明书和合同条款，使用该方法时注意不要违反招标文件中规定的投标一致性，否则会作为废标处理。

②在招标文件中写明，允许投标人另行提出自己的建议。有经验的投标人除按原招标文件如实填报标价外，常在投标致函中提出某种颇有吸引力的建议，并对报价做相应的降低。当然，这种建议不是要求业主降低某技术要求和标准，而是应当通过改进工艺流程或工艺方法来降低成本，降低报价。如果属于改变材料和设备的建议，则应说明绝不降低原设计标准和要求，而可以起到降低造价的作用。另外应注意，提出这种建议时可以列出降

价数字，但不宜将建议内容写得十分详细、具体，否则，业主可能将你的建议提交给最低报价者研究，并要求可能得标者再进一步降价，这样就会形成己方建议免费提供给了竞争对手，对自己的中标很不利。

4. 开口升级报价法

这种方法将报价看成是协商的开始，报价时利用招标文件中规定的不明确的有利条件，将造价很高的一些单项工程的报价抛开作为活口，将标价降低至无法与之竞争的数额。利用这种"最低标价"来吸引业主，从而取得与业主商谈的机会，利用活口进行升级加价，以达到最后盈利的目的。

5. 突然降价法

这是一种迷惑对手（或保密）的竞争手段。在整个报价过程中，仍按一般情况报价，甚至有意无意地将报价泄露，或者表示对工程兴趣不大，等到投标截止期来临之时，来一个突然降价，使竞争对手措手不及，从而解决标价保密问题，避免自己真实的报价向外泄露，提高竞争能力和中标机会。

降低投标价格可以从以下两方面入手：

第一，降低计划利润。投标时确定计划利润既要考虑自己企业任务饱满的情况，又要考虑竞争对手的情况。适当地降低利润和收益目标，从而降低报价会提高投标中标的概率。

第二，降低经营管理费。为了竞争的需要，可降低这部分费用，可以在施工中加强组织管理予以弥补。

（三）报价决策中应注意的事项

1. 施工企业在投标中应从自身条件、兴趣、能力和远近期经营战略目标出发来进行报价决策。一个企业，首先要从战略眼光出发，投标时既要看到近期利益，更要看到长远目标，承揽的当前工程要为今后的工程创造机会和条件。在投标中，企业要注意扬长避短，注重信誉，报价中要量力而行，不顾实际情况，盲目压低标价的行为应予抵制。

2. 报价决策中应重视对业主条件的分析。施工条件是否具备是投标中应予重视的问题，它与承包人的利益密切相关，条件不成熟的项目对业主是一种风险，应在报价决策中做相应的考虑。其次是对业主的心理分析，业主资金短缺者一般考虑最低标价中标；工程亟须开工者和完工者，通常要求工期尽量提前。因此，加强对业主的心理分析和情报收集对做好报价决策是很重要的。

3. 做好报价的宏观审核。标价编好后，是否合理，有无可能中标，可以采用工程报价宏观审核指标的方法进行分析判断。例如，可采用单位工程造价、全员劳动生产率、各分项工程价值比例、各类费用的正常比例、单位工程用工用料等正常指标进行审核。

4. 提高企业的管理水平。为了中标，企业应认真做好施工组织设计，发挥本企业管理水平和设备先进的优势，用网络图指导施工计划，班组优化组合，工艺先进，交叉作业，平衡施工，科学管理，达到缩短工期，降低报价的目的。

5. 充分发挥本企业的优势。每个施工企业都有自身的长处和优势，如果发挥这些优势来降低成本，从而降低报价，这种优势才会在投标竞争中起到实质作用，即把企业优势转化为价值形态。一个施工企业的优势一般可以从下列几方面来表示：

第一，职工素质高：技术人员云集、施工经验丰富、工人技术水平高、劳动态度好、工作效率高。

第二，技术装备强：本企业设备新、性能先进、成套齐全、使用效率高、运转劳务费低、耗油低。

第三，材料供应：有一定的周转材料，有稳定的来源渠道，价格合理、运输方便、运距短、费用低。

第四，施工技术：施工人员经验丰富，提出了先进的施工组织设计，方案切实可行，组织合理，经济效益好；

第五，管理体制：劳动组合精干，管理机构精简高效，管理费开支低。

第六，切记使用各种策略和技巧时，不要违反招标文件中规定的投标一致性，否则会作为废标处理。

根据工程的成本，再根据拟采用的投标策略和技巧，便可确定投标报价。

第四章　公路工程造价基础与构成

第一节　公路工程造价基础

一、公路工程造价的定义

工程造价通常是指工程的建造价格。由于所站的角度不同，工程造价有不同含义。

第一种含义：工程造价是指一个建设项目从立项开始到建成交付使用预期花费或实际花费的全部费用。此时，建设工程造价由建筑安装工程费、设备、工具、器具及家具购置费、工程建设其他费及预备费等组成。

第二种含义：工程造价是指为建成一项工程，预计或实际在工程发承包交易活动中所形成的工程价格。工程造价的第二种含义是以工程这种特定的商品形式作为交易对象，通过招投标、承发包或其他交易方式，最终由市场确定的价格。在这里，工程的范围和内涵既可以是涵盖范围很大的一个建设项目，也可以是一个单项工程，甚至也可以是某个分部工程。

工程造价的两种含义是从不同角度把握同一事物的本质。对建设工程的投资者来说，面对市场经济条件下的工程造价就是项目投资，是"购买"项目要付出的价格，同时也是投资者在作为市场供给主体时"出售"项目时定价的基础。对于承包商、供应商和规划、设计等机构来说，工程造价是他们作为市场供给主体出售商品和劳务的价格总和，或特指范围内的工程造价，如建筑安装工程造价。

二、公路工程造价的价格规律

建设项目也是商品，具有商品属性。影响商品价格形成的经济规律主要是价值规律、纸币流通规律、供求规律。

（一）价值规律

价值规律是商品生产的一般规律，是指社会必要劳动时间决定商品价值的规律。而价格是以货币形式表现的商品价值。按照价值规律要求，商品的价格以价值为基础，商品交换也要以等量价值为基础。但并不是说价格和价值在任何情况下都要相同。价格以价值为基础，又不断背离价值。

因此，工程造价应以完成该工程的社会必要劳动时间为基础来确定，即以社会平均水平为基础来确定，但同时也要认识到工程造价水平是不断波动的。

（二）纸币流通规律

纸币流通规律是纸币流通量与纸币币值关系的规律。价格与单位纸币所代表的价值量成反比。单位纸币所代表的价值量越大，商品价格总额越小，所需要的纸币流通数量越少；相反，单位纸币所代表的价值量越小，商品价格总额越大，纸币流通数量越多。纸币流通量超过客观需要量时，纸币就会贬值，商品价格就会上涨。

货币币值的稳定性，决定了价格的稳定性。货币币值不稳定，必然引起价格的波动。

因此，我们在确定工程造价时，要注意同一种货币在不同时点币值的变化，及不同货币之间的汇率变化。这些变化会影响工程造价。

（三）供求规律

供求影响价格。供求关系影响获利，影响投资的流向，影响需求。要注意建设领域的供求关系，确定造价时需要考虑供求规律。

通过对影响价格形成的经济规律的认识，我们可以意识到造价高低是由经济规律决定的，因此在工程造价管理中，应该按经济规律办事，实事求是地确定造价，不有意抬高或压低工程造价。

三、公路工程计价特征

公路工程建设项目是商品，但又不同于一般的商品，它有其特殊性。一般工农产品业商品是先生产后定价，价格是在本产品实际成本基础上确定的，而建设项目的突出特点是先定价后生产，在定价时还未实施，所以其造价的计算具有估算的性质。工程计价是计算和确定建设项目及其组成部分的工程造价，具体是指在建设项目的各个阶段，根据不同要求，遵循计价原则和程序，采用科学的计价方法，对投资项目最可能实现的合理价格做出科学的计算，从而确定投资项目的工程造价，编制工程造价经济文件。

（一）工程计价的组合性

由于建设项目实物形体庞大，项目构成复杂，需要单独设计、单独施工，不能批量生产，也不能简单直接计算出整个项目价格，更不能将整个建设项目作为整体进行造价管理，必须将庞大的建设项目进行分解，分别进行造价管理，再进行组合，汇总出建设项目的总造价。

计价的过程一般为：分部分项工程计价→单位工程造价→单项工程造价→建设项目造价。

（二）计价的单件性

建设项目是以形成固定资产为明确目标的一次性活动。公路工程项目必须适应工程所在地的气候、地质、水文等自然客观条件和不同等级、用途、规模、结构等需要，由此形成的实物形态千差万别，没有完全相同的两个建设项目。因此，每项工程都必须根据自身的具体情况，单独计价，反映特定空间、时间和约束条件下的价格。

（三）计价的多次性

建设项目周期长、规模大、造价高，根据不同阶段的造价管理任务和内容，需要分阶段掌握造价资料，进行多次计价，对其进行监督和控制，保证计价的准确性和控制的时效性。

1. 投资估算

在项目建议书、可行性研究、方案设计阶段应编制投资估算，它是可行性研究报告的重要组成部分。经批准的投资估算是工程造价的目标限额，它是编制概预算的基础。

方法：常采用投资估算指标、类似工程的造价资料等对投资需要量进行估算。

2. 设计概算

设计概算是初步设计文件的重要组成部分，包括建设项目总概算、单项工程综合概算和单位工程概算。

方法：采用概算定额、概算指标等编制项目的总概算。

3. 修正概算

技术设计阶段，根据技术设计的要求编制修正概算文件。

4. 施工图预算

施工图预算是在施工图设计阶段，根据已批准的施工图，在施工方案（或施工组织设计）已确定的前提下，按照一定的工程量计算规则和预算编制方法编制的工程造价文件，是施工图设计文件的重要组成部分。

5. 合同价

合同价是在工程招投标阶段，通过签订建设项目总承包合同、建筑安装工程承包合同、设备材料采购合同及技术和咨询服务合同所确定的价格。合同价是承发包双方根据市场行情共同认可的成交价格。

6. 结算价

考虑实际发生的工程量增减、设备材料价差等影响工程造价的因素，按合同规定的调整范围及调整方法对合同价进行必要的调整，由此确定的结算价，是确定工程收入、考核工程成本、进行竣工决算的依据。

7. 竣工决算

在工程项目竣工交付使用时，建设单位编制的竣工决算，反映了建设项目的实际造价和建成交付使用的资产情况，是最终确定的实际工程造价。

可见，项目建设过程中造价不是固定的、唯一的，而是随着工程的进行，逐步深化、逐步细化，多次计价后达到实际造价的过程。

（四）计价方法的多样性

不同阶段的造价计价方法有所不同，如概算阶段可采用概算指标法、概算定额法。

由于项目建设各阶段所掌握的条件、资料深度不同，计算的准确度要求不同，计价的方法也不同，所以即使是同一阶段的造价，其计价方法也有多种。

一是投资估算，一般采取类似工程比较法、生产能力系数法、估算指标法等进行编制。

二是初步设计总概算，一般采取概算指标法、概算定额法、类似工程预算法编制。当图纸完整，细部构造及做法均有大样图，工程量已能准确计算，施工方案比较明确时，也可采用定额法或实物量法。

三是施工图预算，采取按施工图计算工程量，按预算定额计算实物消耗，按市场价格计价，按费用定额计算各项费用、利税。

四是投标报价，则采取按清单工程量、按企业定额计算实物消耗，按市场价格计价，同时考虑自身的经营状况和工程风险等因素而得到的综合价格。

五是施工预算，则采取按施工图和实际情况计算工程量，按企业定额计算实物消耗，按市场价格计价，同时考虑自身的经营状况和工程风险等因素而得到的综合价格。

六是工程结算，则采取已完成并符合合同要求的清单工程量和变更工程量，按清单价格和变更价格计算而得到的综合价格。

不同的计价方法适用的条件不同，在计价时应正确选择。

四、公路工程计价模式

建设项目工程造价的计价模式是与社会经济体制相适应的。随着我国经济体制和工程造价管理体制改革的不断深入，建设项目工程造价的计价模式也相应发生了根本的变化，经历了三种不同的计价模式。

（一）政府定价模式

政府定价模式即定额计价模式。政府通过定额制定"量价合一"的工程造价计算标准，既规定了单位工程量的实物资源消耗数量标准，又规定了单价及各种取费费率和计算办法。政府是工程造价的主体，它限定不同级别的企业在计价时必须执行同一种标准的定额费用，发包人只能处于从属地位，不能自主定价，只能按照政府的"取费依据和标准"计算。

（二）政府指导价模式

政府指导价模式即"定额量、指导价、竞争费"的量价分离计价模式。

这里讲的"定额量"，是指单位工程量的人工、材料、施工机械台班量等实物资源消耗"量"，按政府工程造价主管部门颁布的"定额"规定的消耗量标准计算；"指导价"是指人工、材料、机械台班的预算价格，按政府造价主管部门定期发布的"指导价格"（又称中准价、信息价等）计算；"竞争费"是指其他直接费、间接费、利润等取费费率，由政府造价主管部门制定指导性费率标准，企业可依据自身具体情况确定投标费率进行竞争。

从实际执行情况看，政府工程造价主管部门发布的工、料、机指导价（中准价），一般略高于市场实际成交价；按定额及指导价价格、费率计算的工程预算造价，一般高于工程招标实际中标价。

按照计划要留有余地和审定概算是投资控制最高限额的要求，目前已被普遍使用。但在编制招标控制价或投标报价时要注意，因与市场竞争规则和《中华人民共和国招标投标法》中规定的中标条件相悖，这种计价模式还不是真正的市场经济计价模式，而是在工程招标投标尚未完全成熟时，为避免低价恶性竞争和确保工程质量而采用的一种过渡模式。

（三）市场定价模式

工程造价管理体制改革的最终目标是逐步建立以市场竞争为主的价格形成机制，逐步建立起由政府颁布的基础定额作为指导的、通过市场竞争形成工程造价的机制。

其内容如下：

一是由政府行业主管部门统一制定符合国家标准、规范，并反映一定时期施工水平的人工、材料、机械等消耗量标准，实现对定额消耗量标准的宏观管理。

二是制定统一的工程项目划分和工程量计算规则，为工程量清单计价报价创造条件。

三是建立信息网络系统，加强工程造价信息的收集、处理，及时发布信息。

四是施工企业可在行业统一定额的指导下，结合企业自身的技术和管理情况，制定企业定额，并在投标中，结合当地市场行情、自身经营情况及个别成本等要素进行自主报价。

五、公路工程造价的编制方法

公路工程造价的编制方法主要有单价法和实物量法两种。

（一）单价法

单价法就是利用各地区、各部门编制的建筑安装工程单位估价表或预算定额基价，各分项工程量分别乘以相应单价或预算定额基价并求和，得到直接工程费，再加上其他工程费，得出直接费，再按规定的各项取费费率，求出该工程的间接费、利润及税金等费用，最后将上述各项费用汇总为单位工程造价的方法。

（二）实物量法

实物量法就是分别确定各分项工程的人工、材料、施工机械台班的定额消耗量，汇总成单位工程人工、材料、施工机械台班消耗数量，然后再乘以当时当地人工工日单价、各种材料单价、施工机械台班单价，求出相应的人工费、材料费、机械使用费，再加上其他工程费，得出直接费，再按规定的各项取费费率，求出该工程的间接费、利润及税金等费用，最后将上述各项费用汇总为单位工程造价的方法。

实物量法的优点是能够直观反映施工成本，较准确地计算工程建设所需要的资源消耗，计算出的项目造价更加接近于实际投资，是我国公路造价常用的方法。

实物量法主要解决"干什么、怎么干、多少价和什么费"四个问题。

实物量法的五大要素是分项、工程量、定额、费率、单价。实物量法的一般表达式为：

$$预期项目造价 = \sum (分项数量 \times 定额实物消耗 \times 实物单价 + 基数 \times 费率)$$

（式4-1）

六、公路工程计价要素

（一）预算工程量

预算工程量包括以下两部分：工程实体数量（应确定施工方法）；施工措施工程量，包括因某施工方案导致的辅助工程量（在设计图纸上不出现，取决于施工组织设计）和大临工程或现场平面布置导致的临时工程量。

（二）工料机消耗量（定额水平）

在正常条件下，完成合格的单位数量分项工程所消耗的工料机数量，是确定工程成本的重要因素。承包人投标报价用的定额必须以反映其个别成本的企业定额为基础，适当参考行业统一定额。招标人编制的控制价，无法确定未来承包人的个别成本，以反映行业平均水平的预算定额为基础，确定工料机消耗。

（三）工料机预算价格

工料机预算价格，用于确定直接工程费，应具备以下两个条件：

一是尽可能反映工料机的实际市场供应价，要求做好充分的工料机市场价格调查。

二是预算价格中必须包括分摊至该工料机要素中的全部成本或费用，如材料预算价格必须包括出厂价、自供应地到工地的运杂费、场外运输损耗及材料采购及保管费等费用。但工料机预算价格不应包含须单独计算的综合取费和利润、税金因素。

（四）综合费率

承包人在确定工程成本或报价时，对于除直接工程费以外的其他工程费、企业管理费、利润，以本单位的实际情况为依据，确定竞争性的各项费率；对于税金、规费执行规定。招标人确定控制价时，各项费率一般按行业或地方的编制办法或补充办法等执行。

第二节　公路工程造价构成

一、直接费

建筑安装工程费是直接形成工程实体时所发生的费用，建筑安装工程费包括直接费、间接费、利润、税金等。直接费的计算是关键和核心，其他三部分费用则分别以规定的基数按各自费率计算。直接费由直接工程费和其他工程费组成。

（一）直接工程费

直接工程费是指施工过程中耗费的构成工程实体和有助于工程形成的各项费用，包括人工费、材料费、施工机具使用费。

1. 人工费

（1）人工费内容

人工费是指列入概算、预算定额的直接从事建筑安装工程施工的生产工人开支的各项费用，其包括如下内容：

①基本工资，指发放给生产工人的基本工资、流动施工津贴和生产工人劳动保护费，及为职工缴纳的养老、失业、医疗保险费和住房公积金等。

生产工人劳动保护费是指按国家有关部门规定标准发放的劳动保护用品的购置费及修理费、徒工服装补贴、防暑降温费、在有碍身体健康环境中施工的保健费等。

②工资性补贴，指按规定标准发放的物价补贴，煤、燃气补贴，交通费补贴，地区津贴等。

③生产工人辅助工资，指生产工人年有效施工天数以外非作业天数的工资，包括开会和执行必要的社会义务时间的工资，职工学习、培训期间的工资，调动工作、探亲、休假期间的工资，因气候影响停工期间的工资，女工哺乳期间的工资，病假在 6 个月以内的工资及产、婚、丧假期的工资。

④职工福利费，指按国家规定标准计提的职工福利费。

人工费按下式计算：

$$人工费 = \sum (分项工程数量 \times 定额人工消耗量 \times 人工单价) \qquad (式 4-2)$$

（2）人工单价

人工单价即人工工日单价，是由标准工资、工资性津贴、地区生活补贴和劳动保护费组成。人工单价有两种计算方式，一种按公式计算，另一种按地区规定。

①按下式计算人工工日单价

$$人工工日单价（元／工日）=$$
$$[基本工资（元／月）+地区生活补贴（元／月）+$$
$$工资性津贴（元／月） \times (1+14\%)] \times 12 月 \div 240（工日） \qquad (式 4-3)$$

式中，基本工资（包括标准工资和劳动保护费）是指按不低于工程所在地政府主管部门发布的最低工资标准的 1.2 倍计算；地区生活补贴是指国家规定的边远地区生活补贴、特区补贴；工资性津贴是指物价补贴，煤、燃气补贴，交通费补贴等。

以上各项标准由各省、自治区、直辖市公路（交通）工程造价（定额）管理站根据当地人民政府有关规定核定后公布执行，并抄送交通运输部公路司备案。并应根据最低工资标准的变化情况及时调整公路工程生产工人工资标准。

人工单价作为编制概算、预算的依据，不作为施工企业实发工资的依据。因此，只要得到了地区生活补贴与工资性津贴的数额，就可按上式算出人工工日单价。

②按地区规定计算工日单价

有的省区，根据本省公路建设的实际情况，单独另行发文规定工日单价的标准，而不按上式计算。如某省交通运输厅制定了《公路基本建设概算、预算编制办法补充规定》，其中对工日单价按工程特点做了如下规定：二级汽车专用公路和二级汽车专用公路以上的高等级公路，1000 m 以上的独立大桥，人工工日单价按 57.8 元计算；其他工程若由省级施工企业施工，则桥梁工程按 56.4 元/工日，路基路面工程按 56.2 元/工日计算。这种由省区（或地区）统一定价的方式将来会进一步完善。

另外，应当注意，不管人工工日单价以哪种方式确定，它都仅作为编制概算、预算的依据，而不能作为施工企业实发工资的依据。

2. 材料费

材料费是指施工过程中耗用的构成工程实体的原材料、辅助材料、构（配）件、零件、半成品、成品的用量和周转材料的摊销量，按工程所在地的材料预算价计算的费用。

（1）材料费计算

材料费按下式计算：

$$材料费 = \sum [分项工程数量 \times (\sum 定额材料用量 \times 材料单价 +$$
$$其他材料费 + 设备摊销费)] \qquad (式4-4)$$

（2）材料单价

材料从供应地到达施工现场的仓库的费用，包括供应价格（原价）、运杂费、场外运输损耗、采购及仓库保管费，即材料单价（材料预算价格）。其中材料原价、运杂费按不含增值税（可抵扣进项税额）的价格确定。

材料预算价格也有两种确定办法：一种是公式计算，另一种是地区规定的材料预算价格。但其价格组成内容是一致的。由于材料预算价格的重要性及其计算的复杂性，还专门设计了"材料预算单价计算表"来进行计算。

材料预算价格计算的公式法（或表算法）见下式：

$$材料预算价格 = （材料供应价格 + 运杂费）\times （1 + 场外运输损耗率）\times$$
$$（1 + 采购及保管费率）- 包装的回收价值 \qquad (式4-5)$$

（3）材料供应价格

公路建设工程所耗用的各种建筑材料，按其来源可分为外购材料、地方性材料和自采材料三部分，其供应价格可按下列要求计算。

①外购材料：国家或地方的工业产品，如水泥、钢材、木材、沥青、油燃料、化工产品、民用爆破器材、五金及构（配）件等，应以市场的批发价格或工厂的出厂价为准，若一种材料有多个价格，应取加权平均价，并根据实际情况加计供销部门手续费和包装费。如供应情况、交货条件不明确，可采用当地规定的价格计算。

供销部门手续费是指材料不能向生产厂直接采购订货供应，必须经过物资部门或供销部门供应时，按规定支付给物资部门或供销部门的附加手续费。包装费是指为便于材料的运输或保护材料免受损坏而进行包装所需要的费用，包括包装材料的折旧摊销及水运、陆运中的支撑、篷布摊销等费用。凡由生产厂负责包装者，其包装费已计入材料原价内的，不再另行计算包装材料费，并应扣回包装器材的回收价值。

②地方性材料：主要是当地乡镇企业统一开采加工出售的石灰、砂、石等建筑材料，按市场价格计算。若品种规格与设计要求不符，需要加工改制，按"材料采集及加工"的规定，增加其改制加工的费用，作为供应价格。

③自采材料：自采的砂、石、黏土等材料，按定额中开采单价加辅助生产间接费和矿产资源税（如有）计算。

材料供应价格应按实计取。各省、自治区、直辖市公路（交通）工程造价（定额）管理站应通过调查，编制本地区的材料价格信息，供编制概算、预算使用。

如公路工程材料调查价格含可抵扣增值税进项税额，应按下式进行调整：

$$C_V = \frac{C_b}{1 + T} \qquad\qquad (式4-6)$$

式中：C_v——扣减进项税额材料价格；

C_b——营业税下材料价格；

T——材料进项适用税率，3%～17%。

（4）运杂费

运杂费是指材料自供应地点至工地仓库（施工地点存放材料的地方）的适用税率参考表运杂费用，包括装卸费、运费，如果发生，还应计囤存费及其他杂费（如过磅、标签、支撑加固、路桥通行等费用）。单位运杂费计算见下式：

$$单位运杂费 = 单位运费 + 单位装卸费 + 单位杂费 \qquad (式4-7)$$

①运距的确定

一般情况下，材料堆放地点可根据施工组织设计中的施工平面图来确定。如果施工组织设计不能提供工地仓库和堆料场位置，材料堆放位置为：路线工程取路线中心点里程桩号，大中桥或独立桥梁中心桩号。

②运价的确定

运价的确定分社会运输和自办运输两种情况。

第一，社会运输即通过公路、铁路、水运等部门运输，应按国家或地方有关部门规定的运输及装卸费标准计算材料运价。计算见下式：

$$单位运费(运价) = (运价率 × 运距 + 吨次费) × 单位毛重 \qquad (式4-8)$$

第二，自办运输是施工企业根据公路建设项目所在地交通不便、社会运力缺乏的情况，结合本企业运输能力而组织材料运输的一种运输方式。自办运输运费的确定应按以下有关规定进行：

A. 单程运距 15 km 以上的长途汽车运输，按当地交通运输部门规定的运价标准计算。

B. 单程运距 5~15 km 的汽车运输，按当地交通运输部门规定的统一运价标准计算，如果公路建设项目所在地交通不便、社会运力缺乏，则另加 50% 计算。

C. 单程运距 5 km 以内的汽车运输及人力场外运输，按预算定额计算运费，其中人力装卸和运输另按人工费加计辅助生产间接费。

第三，单位装卸费计算。

单位装卸费按下式计算：

$$单位装卸费 = 装卸费率 \times 单位毛重 \qquad (式4\text{-}9)$$

第四，注意事项。

A. 凡有容器或包装材料的材料，应按有关规定的毛重系数计算运杂费。

B. 一种建筑材料若有两个以上的供应点，都应根据不同的运距、运量、运价采用加权平均法计算运杂费。同时，在按上述要求计算加权平均运距时，不得在工地仓库或堆料场之外再加场内运输或二次倒运的运距，因为定额中已计入"工地小搬运"项目。

C. 在各个运输环节中，过路、过桥、过闸（船舶）费，调车和驳船费，专用车辆运输增加费等，均应视同运费一并计算。至于装卸费，要考虑不同的装卸方法、环节、次数及物品的单件重量、危险物品等不同计算规定。如钢筋一般都成捆以吊车进行装车，其装卸费就应按吊车装吊价格计算。

D. 砂、石材料的运输，无论是施工单位自办运输还是社会运输，原则上均应按当地交通运输部门规定的运价来计算，其装卸费则应按《公路工程预算定额》中"材料运输"的相应装卸定额计算，采用人工装卸的应加计辅助生产现场经费。若采用汽车台班定额计算，应按相应规定执行，如长、短途的界定等。

E. 在不能采用各种运输工具运输建筑材料的条件下，可按人工运输定额计算并加计辅助生产间接费。

火车运杂费标准按下式计算：

$$火车运杂费标准 = \frac{营业税下火车运杂费标准}{1 + 11\%} \qquad (式4\text{-}10)$$

（5）材料采购及保管费

材料采购及保管费是指材料供应部门（包括工地仓库及各处材料管理部门）在组织采购、供应和保管材料的过程中，所需的各项费用及工地仓库材料储存损耗。计算方法见下式：

$$材料采购及保管费=（材料供应价格+运杂费+场外运输损耗）$$

$$×采购保管费费率\qquad（式4-11）$$

材料的采购及保管费费率为2.67%（营改增后）。

外购的构件、成品及半成品的预算价格，其计算方法与材料相同，但构件（如外购的钢桁梁、钢筋混凝土构件及加工钢材等半成品）的采购及保管费费率为1.07%（营改增后）。

商品混凝土预算价格的计算方法与材料相同，但其采购保管费费率为0。

（6）包装品的回收价值

如主管部门有规定，应按规定计算；如主管部门无规定，可参考表4-1数据计算。

表4-1　包装品的回收价值

包装品的种类	回收量	回收价值
木材制品包装	70%	原价的20%
铁桶、铁皮、铁丝制品包装	铁桶95%，铁皮50%，铁丝20%	原价的50%
纸皮、纤维品包装	60%	原价的50%
草绳、草袋制品包装	0	0

（7）其他材料费、设备摊销费、小型机具使用费

按《公路工程预算定额》中数值乘以表4-2对应的调整系数计算，结果取一位小数。

表4-2　营改增人工、材料、机械消耗量调整系数

序号	代号	名称	单位	系数	备注
1	996	其他材料费	元	0.971	
2	997	设备摊销费	元	0.855	金属设备摊销标准由原90元/（t·月）调整为76.95元/（t·月）
3	1998	小型机具使用费	元	0.890	

3. 机械的使用费

施工机械使用费是指列入工程定额的施工机械台班数量，按相应机械台班费用定额计算的施工机械使用费和小型机具使用费按下式计算：

$$施工机械使用费=\sum[分项工程量×（定额机械台班数量×$$

$$施工机械台班单价+小型机具使用费）]\qquad（式4-12）$$

（1）施工机械台班单价

施工机械使用过程中，必然消耗能源和磨损机械，应有故障维修、保养等工作，还应缴纳各种税费，即台班（一般按8 h计）单价（台班预算价格），按其费用的情况可分为不变费用和可变费用。

①不变费用，包括折旧费、大修理费、经常修理费、安装拆卸费及辅助设施费。全国除青海、新疆、西藏三省、自治区允许调整外，其余各地均应直接采用。至于边远地区的维修工资、配件材料等由于价差较大而须调整不变费用时，可根据具体情况，由省、自治区交通运输厅制定系数并报交通运输部备案后执行。

②可变费用，包括机上人员人工费、动力燃料费、养路费和车船税。可变费用中的机上人员工日数及动力物资消耗量，应以机械台班费用定额中的数值为准，台班人工费工日单价与生产工人人工单价相同。动力燃料费用则按材料费的计算规定计算。养路费及车船税，如须缴纳，应根据各省、自治区、直辖市及国务院有关部门的规定计算。

（2）施工机械台班单价的计算

施工机械台班单价按市场价格计算或按交通运输部颁布的《公路工程机械台班费用定额》计算并填入机械台班单价计算表。在编制公路工程造价时，施工机械台班单价不得采用社会出租台班单价计价。其计算公式见下式：

$$施工机械台班单价=不变费用×调整系数+可变费用$$

$$=不变费用×调整系数+（定额人工消耗量×人工单价+定额燃料、动力消耗量×$$

$$燃料、动力单价+运输机械的养路费、车船税和保险费）　　（式4-13）$$

在计算施工机械台班单价时，要注意以下几个问题：

①当工程用电为自发电时，电动机械每度（kW·h）电的单价，应按《公路工程机械台班费用定额》计算所选定的发电机组的台班单价，然后按下式进行换算确定。

$$A = 0.24 \frac{K}{N} \qquad\qquad （式4-14）$$

式中：A——每度（kW·h）电的单价，元；

　　　K——发电机组的台班单价，元；

　　　N——发电机组的总功率，kW。

若采用多台发电机组联合发电，应将其价格和功率分别汇总，作为计算依据。

②当工程用电采用电网供电时，则应计算电能损耗。

第一，如从施工主降、变压器的高压侧按电表计量收费，要计算变配设备和配电线路的损耗，一般为6%~10%。线路质量好，供电距离短，用电负荷比较均匀，采用低限值，反之则取高限值。

第二，若从电网供电变电站出线侧计量收费，则还应计算主变压器高压侧的高压线路的损耗，一般为4%~6%。

第三，当两者都要计算时，其综合电能损耗应按17%计算。

③当同时使用自发电和电网供电时，可按各自供电的电动机械的总功率所占的比重计算综合电价，也可将自供电时间作为计算综合电价的依据。

4. 直接工程费的计算

直接工程费的计算有以下两种方式：

$$直接工程费 = 人工费 + 材料费 + 施工机具使用费 \qquad (式\ 4\text{-}15)$$

$$直接工程费 = \sum 分项工程量 \times 当地分项工程的工料单价 \qquad (式\ 4\text{-}16)$$

5. 工料单价

公路工程市场不断发展，承发包方式多种多样。尤其在分包的工程中，如发包人工、发包机械或人工机械联合发包。更多的是人工、材料、机械整体发包，俗称包工包料。此时只须计算人工、材料、机械的单价就可以了，管理费和利润不必计算。

这种方法适用于施工阶段的预算。应首先进行工程项目的分解；然后套取相应的定额，一般采用施工企业的企业定额或行业的施工定额，如果条件不具备也可借用国家预算定额，取得定额单位的人工、材料、机械消耗数量标准；然后乘以当时当地人工、材料、机械的单价，可分别得出人工、材料、机械的费用；再汇总求和，除以定额单位即得到工料单价。

分项工程的工料单价按下式计算：

$$分项工程的工料单价 = 直接工程费用 / 定额单位 \qquad (式\ 4\text{-}17)$$

（二）其他工程费

其他工程费是指直接工程费以外施工过程中发生的直接用于工程的费用。按其工程所在地及施工的季节等情况分为冬季施工增加费、雨季施工增加费、夜间施工增加费、特殊地区施工增加费、行车干扰工程施工增加费、安全及文明施工措施费、临时设施费、施工辅助费、工地转移费等。

公路工程中的水、电费及因场地狭小等特殊情况而发生的材料二次搬运等其他工程费已包括在概算、预算定额中，不再另计。

1. 工程类别划分

由于其他直接费是根据工程项目的直接工程费为基数，以规定的费率计算的，而工程项目内容千差万别，无法个别地按各具体工程项目来制定费率标准。因此，要将性质相近的工程项目合并成若干类别来制定费率。工程类别可划分为表 4-3 中的 13 类。

表 4-3　工程类别划分表

工程类别	内容
人工土方	指人工施工的路基、改河等土方工程，及人工施工的砍树、挖根、除草、平整场地、挖盖山土等工程项目，并适用于无路面的便道工程
机械土方	指机械施工的路基、改河等土方工程，及机械施工的砍树、挖根、除草等工程项目
汽车运输	指汽车、拖拉机、机动翻斗车等运送的路基、改河土（石）方、路面基层和面层混合料、水泥混凝土及预制构件、绿化树苗等
人工石方	指人工施工的路基、改河等石方工程，及人工施工的挖盖山石项目
机械石方	指机械施工的路基、改河等石方工程（机械打眼即属机械施工）
高级路面	指沥青混凝土路面、厂拌沥青碎石路面和水泥混凝土路面的面层
其他路面	指除高级路面以外的其他路面面层，各等级路面的基层、底基层、垫层、透层、黏层、封层，采用结合料稳定的路基和软土等特殊路基处理等工程，及有路面的便道工程
构造物Ⅰ	指无夜间施工的桥梁、涵洞、防护（包括绿化）及其他工程，交通工程及沿线设施工程［设备安装及金属标志牌、防撞钢护栏、防眩板（网）、隔离栅、防护网除外］，及临时工程中的便桥、电力电信线路、轨道铺设等工程项目
构造物Ⅱ	指有夜间施工的桥梁工程
构造物Ⅲ	指商品混凝土（包括沥青混凝土和水泥混凝土）的浇筑和外购构件及设备的安装工程，商品混凝土和外购构件及设备的费用不作为其他工程费和间接费的计算基数
技术复杂大桥	指单孔跨径在 120 m 以上（含 120 m）和基础水深在 10 m 以上（含 10 m）的大桥主桥部分的基础、下部和上部工程
隧道	指隧道工程的洞门及洞内工程
钢材及钢结构	指钢桥及钢索吊桥的上部构造，钢沉井、钢围堰、钢套箱及钢护筒等基础工程，钢索塔，钢锚箱，钢筋及预应力钢材，模数式及橡胶板式伸缩缝，钢盆式橡胶支座，四氟板式橡胶支座，金属标志牌、防撞钢护栏、防眩板（网）、隔离栅、防护网等工程项目

注：购买路基填料的费用不作为其他工程费和间接费的计算基数。

2. 其他工程费的计算

（1）冬季施工增加费

冬季施工增加费是指按照公路工程施工及验收规范所规定的冬季施工要求，为保证工程质量和安全生产所须采取的防守保温设施、工效降低和机械作业率降低及技术操作过程的改变等所增加的有关费用。

冬季施工增加费包括以下内容：

①因冬季施工所须增加的一切人工、材料与机械费用的支出。

②为施工机具修建的暖棚（包括拆、移），增加油脂及其他保温设备费用。

③因施工组织设计确定须增加的一切保温、加温及照明等有关支出。

④与冬季施工有关的其他各项费用，如清除工作地点的冰雪等费用。

冬季气温区的划分是根据气象部门提供的 15 年以上的气温资料确定的。从每年秋冬第一次连续 5 天出现室外日平均温度在 5℃ 以下、日最低温度在 -3℃ 以下的第一天算起，至第二年春夏最后一次连续 5 天出现同样温度的最末一天为冬季期。冬季期内平均气温在 -1℃ 以上者为冬一区，-4℃ ~ -1℃ 者为冬二区，-7℃ ~ -4℃ 者为冬三区，-10℃ ~ -7℃ 者为冬四区，-14℃ ~ -10℃ 者为冬五区，-14℃ 以下者为冬六区。冬一区内平均气温低于 0℃ 的连续天数在 70 天以内的为 Ⅰ 副区，70 天以上的为 Ⅱ 副区；冬二区内平均气温低于 0℃ 的连续天数在 100 天以内的为 Ⅰ 副区，100 天以上的为 Ⅱ 副区。

气温高于冬一区，但砖石、混凝土施工须采取一定措施的地区为准冬季区。准冬季区分为两个副区，简称准一区和准二区。凡一年内日最低气温在 0℃ 以下的天数多于 20 天，日平均气温在 0℃ 以下的天数少于 15 天的为准一区，多于 15 天的为准二区。

冬季施工增加费以各类工程的直接工程费之和为基数，按工程所在地的气温区选用表的费率计算。

$$冬季施工增加费 = 直接工程费 × 冬季施工增加费费率 \qquad (式 4-18)$$

计算冬季施工增加费的注意事项：①采用全年平均摊销的方法，即不论是否在冬季施工，均按规定的取费标准计取冬季施工增加费；②一条路线穿过两个以上的气温区时，可分段计算或按各区的工程量比例求得全线的平均增加率，计算冬季施工增加费。

（2）雨季施工增加费

雨季施工增加费是指雨季施工期间为保证工程质量和安全生产所须采取的防雨、排水、防潮和防护措施，工资降低和机械作业率降低及技术作业过程的改变等，所须增加的有关费用。

雨季施工增加费的内容包括如下几点：

①因雨季施工所须增加的人工、材料、机械费用的支出，包括工作效率的降低及易被雨水冲毁的工程所增加的工作内容等（如基坑坍塌和排水沟等堵塞的清理、路基边坡冲沟的填补等）。

②路基土方工程的开挖和运输，因雨季施工（非土壤中水影响）而引起的黏附工具降低工效所增加的费用。

③因防止雨水必须采取的防护措施的费用，如挖临时排水沟，防止基坑坍塌所需的支撑、挡板等费用。

④材料因受潮、受湿的耗损费用。

⑤增加防雨、防潮设备的费用。

⑥其他有关雨季施工所须增加的费用，如因河水高涨致使工作困难而增加的费用等。

雨量区和雨季期的划分，是根据气象部门提供的 15 年以上的降雨资料确定的。凡月平均降雨天数在 10 天以上，月平均日降雨量在 3.5~5 mm 者为Ⅰ区，月平均日降雨量在 5 mm 以上者为Ⅱ区。若当地气象资料与附录所划定的雨量区及雨季期出入较大，可按当地气象资料及上述划分标准确定工程所在地的雨量区及雨季期。

雨季施工增加费以各类工程的直接工程费之和为基数，按工程所在地的雨量区、雨季期选用表的费率计算。

$$\text{雨季施工增加费} = \text{直接工程费} \times \text{雨季施工增加费费率} \qquad (\text{式 } 4\text{-}19)$$

计算雨季施工增加费的注意事项：①采用全年平均摊销的方法，即不论是否在雨季施工，均按规定的取费标准计取雨季施工增加费。②一条路线通过不同的雨量区和雨季期时，应分别计算雨季施工增加费或按工程量比例求得平均的增加率，再计算全线雨季施工增加费。

（3）夜间施工增加费

夜间施工增加费是根据设计、施工的技术要求和合理的施工进度要求，必须在夜间连续施工而发生的工效降低、夜班津贴及有关照明设施（包括所需照明设施的安拆、摊销、维修及油燃料、电）等增加的费用。

夜间施工增加费按夜间施工的工程项目（如桥梁工程项目包括上、下部构造全部工程）的直接工程费之和为基数，按表 4-4 的费率计算：

$$\text{夜间施工增加费} = \text{夜间施工项目的直接工程费} \times \text{夜间施工增加费费率} \quad (\text{式 } 4\text{-}20)$$

表 4-4　夜间施工增加费费率表（单位:%）

工程类别	费率	调整系数	工程类别	费率	调整系数
构造物Ⅱ	0.35	1.194	技术复杂大桥	0.35	1.211
构造物Ⅲ	0.70	1.205	钢材及钢结构	0.35	1.252

注：设备安装工程及金属标志牌、防撞钢护栏、防眩板（网）、隔离栅、防护网等不计夜间施工增加费。

（4）特殊地区施工增加费

特殊地区施工增加费包括高原地区施工增加费、风沙地区施工增加费和沿海地区施工增加费三项。

①高原地区施工增加费。

高原地区施工增加费是指在海拔 1500 m 以上的地区施工，由于受气候、气压影响，致使人工、机械效率降低而增加的费用。该费用以各类工程人工费和施工机具使用费之和为基数，按表 4-5 的费率计算。

表 4-5　高原地区施工增加费费率表（单位：%）

工程类别	海拔高度/m								调整系数
	1501~2000	2001~2500	2501~3000	3001~3500	3501~4000	4001~4500	4501~5000	5000以上	
人工土方	7.00	13.25	19.75	29.75	43.25	60.00	80.00	110.00	1.068
机械土方	6.56	12.60	18.66	25.60	36.05	49.08	64.72	83.80	1.192
汽车运输	6.50	12.50	18.50	25.00	35.00	47.50	62.50	80.00	1.208
人工石方	7.00	13.25	19.75	29.75	43.25	60.00	80.00	110.00	1.068
机械石方	6.71	12.82	19.03	27.01	38.50	52.80	69.92	92.72	1.177
高级路面	6.58	12.61	18.69	25.72	36.26	49.41	65.17	84.58	1.177
其他路面	6.73	12.84	19.07	27.15	38.74	53.17	70.44	93.60	1.158
构造物Ⅰ	6.87	13.06	19.44	28.56	41.18	56.86	75.61	102.47	1.080
构造物Ⅱ	6.77	12.90	19.17	27.54	39.41	54.18	71.85	96.03	1.133
构造物Ⅲ	6.73	12.85	19.08	27.19	38.81	53.27	70.57	93.84	1.181
技术复杂大桥	6.70	12.81	19.01	26.94	38.37	52.61	69.65	92.27	1.155
隧道	6.76	12.90	19.16	27.50	39.35	54.09	71.72	95.81	1.126
钢材及钢结构	6.78	12.92	19.20	27.66	39.62	54.50	72.30	96.80	1.097

　　一条路线通过两个以上（含两个）不同的海拔高度分区时，应分别计算高原地区施工增加费或按工程量比例求得平均的增加率，再计算全线高原地区施工增加费。

　　②风沙地区施工增加费

　　风沙地区施工增加费是指在沙漠地区施工时，由于受风沙影响，按照施工及验收规范的要求，为保证工程质量和安全生产而增加的有关费用。其内容包括防风、防沙及气候影响的措施费，材料费，人工费，人工、机械效率降低增加的费用，及积沙、风蚀的清理与修复等费用。

　　根据《公路自然区划标准》、"沙漠地区公路建设成套技术研究报告"的公路自然区划和沙漠公路区划，结合风沙地区的气候状况将风沙地区分三区九类：半干旱、半湿润沙地为风沙一区，干旱、极干旱寒冷沙漠地区为风沙二区，极干旱炎热沙漠地区为风沙三区；根据覆盖度（沙漠中植被、戈壁等覆盖程度）又将每区分为固定沙漠（覆盖度大于50%）、半固定沙漠（覆盖度为10%~50%）、流动沙漠（覆盖度小于10%）三类，覆盖度由工程勘察设计人员在公路工程勘察设计时确定。

　　若当地气象资料及自然特征与附录中的风沙地区划分有较大出入，由项目所在省、自治区、直辖市公路（交通）工程造价（定额）管理站按当地气候资料和自然特征及上述标准确定工程所在地的风沙区划，并抄送交通运输部公路司备案。

一条路线穿过两个以上（含两个）不同风沙区时，按路线长度经过不同的风沙区加权计算项目全线风沙地区施工增加费。

③沿海地区施工增加费

沿海地区施工增加费是指工程项目在沿海地区受海风、海浪和潮汐的影响，致使人工、机械效率降低等所须增加的费用。本项费用由沿海各省、自治区、直辖市交通运输厅（局）制定具体的适用范围（地区），并抄送交通运输部公路司备案。

沿海地区工程施工增加费以各类工程直接工程费之和为基数，按表4-6的费率计算。

表4-6　沿海地区工程施工增加费费率表（单位:%）

工程类别	费率	调整系数	工程类别	费率	调整系数
构造物Ⅱ	0.15	1.179	技术复杂大桥	0.15	1.196
构造物Ⅲ	0.15	1.190	钢材及钢结构	0.15	1.236

（5）行车干扰工程施工增加费

行车干扰工程施工增加费是指由于边施工边维持通车，受行车影响，致使人工、机械效率降低而增加的费用。该费用以受行车影响部分的工程项目的人工费和施工机具使用费之和为基数，按表4-7的费率计算。

表4-7　行车干扰工程施工增加费费率表（单位:%）

工程类别	施工期间平均每昼夜双向行车次数（汽车、畜力车合计）								调整系数
	51~100	101~500	501~1000	1001~2000	2001~3000	3001~4000	4001~5000	>5000	
人工土方	1.64	2.46	3.28	4.10	4.76	5.29	5.86	6.44	1.077
机械土方	1.39	2.19	3.00	3.89	4.51	5.02	5.56	6.11	1.202
汽车运输	1.36	2.09	2.85	3.75	4.35	4.84	5.36	5.89	1.218
人工石方	1.66	2.40	3.33	4.06	4.71	5.24	5.81	6.37	1.077
机械石方	1.16	1.71	2.38	3.19	3.70	4.12	4.56	5.01	1.187
高级路面	1.24	1.87	2.50	3.11	3.61	4.01	4.45	4.88	1.187
其他路面	1.17	1.77	2.36	2.94	3.41	3.79	4.20	4.62	1.168
构造物Ⅰ	0.94	1.41	1.89	2.36	2.74	3.04	3.37	3.71	1.089
构造物Ⅱ	0.95	1.43	1.90	2.37	2.75	3.06	3.39	3.72	1.143
构造物Ⅲ	0.95	1.42	1.90	2.37	2.75	3.05	3.38	3.72	1.191
技术复杂大桥	–	–	–	–	–	–	–	–	–
隧道	–	–	–	–	–	–	–	–	–
钢材及钢结构	–	–	–	–	–	–	–	–	–

注：①因为该增加费用以"受行车影响部分"工程的人工费和施工机具使用费为基数计算，所以如何区

分受行车影响部分的工程，是正确计算该费用的核心。特别是对于不设便道的半幅通车的工程，在原路线一侧加宽改建、扩建工程等，均应做具体分析，以确定是否可以按局部工程计列该增加费用。

②还应考虑交通流量的分流导致交通流量的降低，这也是在取定费率时应考虑的因素。

（6）安全及文明施工措施费

安全及文明施工措施费是指施工期间为满足安全生产、文明施工、职工健康生活所发生的费用。该费用不包括施工期间为保证交通安全而设置的临时安全设施和标志、标牌的费用，需要时，应根据设计要求计算。安全及文明施工措施费以各类工程的直接工程费之和为基数，按表4-8的费率计算。

表4-8　安全及文明施工措施费费率表（单位:%）

工程类别	费率	调整系数	工程类别	费率	调整系数
人工土方	0.59	1.058	构造物Ⅰ	0.72	1.128
机械土方	0.59	1.180	构造物Ⅱ	0.78	1.161
汽车运输	0.21	1.197	构造物Ⅲ	1.57	1.172
人工石方	0.59	1.058	技术复杂大桥	0.86	1.178
机械石方	0.59	1.175	隧道	0.73	1.155
高级路面	1.00	1.202	钢材及钢结构	0.53	1.218
其他路面	1.02	1.132			

注：设备安装工程按表中费率的50%计算。

（7）临时设施费

临时设施费是指施工企业为进行建筑安装工程施工所必需的生活和生产用的临时建筑物、构筑物和其他临时设施的费用等，但不包括概算、预算定额中的临时工程在内。

临时设施包括：临时生活及居住房屋（包括职工家属房屋及探亲房屋）、文化福利及公用房屋（如广播室、文体活动室等）和生产、办公房屋（如仓库、加工厂、加工棚、发电站、变电站、空压机站、停机棚等），工地范围内的各种临时的工作便道（包括汽车、畜力车、人力车道）、人行便道、工地临时用水、用电的水管支线和电线支线，临时构筑物（如水井、水塔等）及其他小型临时设施。

临时设施费用内容包括临时设施的搭设、维修、拆除费或摊销费。

临时设施费以各类工程的直接工程费之和为基数，按表4-9的费率计算。

表 4-9　临时设施费费率表（单位:%）

工程类别	费率	调整系数	工程类别	费率	调整系数
人工土方	1.57	1.045	构造物Ⅰ	2.65	1.113
机械土方	1.42	1.165	构造物Ⅱ	3.14	1.146
汽车运输	0.92	1.181	构造物Ⅲ	5.81	1.157
人工石方	1.60	1.045	技术复杂大桥	2.92	1.163
机械石方	1.97	1.159	隧道	2.57	1.141
高级路面	1.92	1.188	钢材及钢结构	2.48	1.202
其他路面	1.87	1.118			

（8）施工辅助费

施工辅助费是指生产工具用具使用费、检验试验费和工程定位复测、工程点交、场地清理等费用。

生产工具用具使用费是指施工所需不属于固定资料的生产工具、检验用具、试验用具及仪器、仪表等的购置、摊销和维修费，及支付给工人自备工具的补贴费。

检验试验费是指施工企业对建筑材料、构件和建筑安装工程进行一般鉴定、检查所发生的费用，包括自设试验室进行试验所耗用的材料和化学药品的费用，及技术革新和研究试验费，但不包括新结构、新材料的试验费和建设单位要求对具有出厂合格证明的材料进行检验、对构件进行破坏性试验及其他特殊要求进行检验的费用。

施工辅助费以各类工程的直接工程费之和为基数，按表 4-10 的费率计算。

表 4-10　施工辅助费费率表（单位:%）

工程类别	费率	调整系数	工程类别	费率	调整系数
人工土方	0.89	1.051	构造物Ⅰ	1.30	1.119
机械土方	0.49	1.172	构造物Ⅱ	1.56	1.152
汽车运输	0.16	1.188	构造物Ⅲ	3.03	1.164
人工石方	0.85	1.051	技术复杂大桥	1.68	1.169
机械石方	0.46	1.166	隧道	1.23	1.146
高级路面	0.80	1.195	钢材及钢结构	0.56	1.209
其他路面	0.74	1.124			

（9）工地转移费

工地转移费是指施工企业根据建设任务的需要，由已竣工的工地或后方基地迁至新工地的搬迁费用。其内容包括以下三点:

①施工单位全体职工及随职工迁移的家属向新工地转移的车费、家具行李运费、途中

住宿费、行程补助费、杂费及工资与工资附加费等。

②公物、工具、施工设备器材、施工机具的运杂费、外租机具的往返费及本工程内部各工地之间施工机具、设备、公物、工具的转移费等。

③非固定工人进退场及一条路线中各工地转移的费用。

工地转移费以各类工程的直接工程费之和为基数，按表 4-11 的费率计算。

表 4-11　工地转移费费率表（单位:%）

工程类别	工地转移距离/km						调整系数
	50	100	300	500	1000	每增加 100	
人工土方	0.15	0.21	0.32	0.43	0.56	0.03	1.020
机械土方	0.50	0.67	1.05	1.37	1.82	0.08	1.137
汽车运输	0.31	0.40	0.62	0.82	1.07	0.05	1.153
人工石方	0.16	0.22	0.33	0.45	0.58	0.03	1.020
机械石方	0.36	0.43	0.74	0.97	1.28	0.06	1.132
高级路面	0.61	0.83	1.30	1.70	2.27	0.12	1.159
其他路面	0.56	0.75	1.18	1.54	2.06	0.10	1.091
构造物Ⅰ	0.56	0.75	1.18	1.54	2.06	0.11	1.086
构造物Ⅱ	0.66	0.89	1.40	1.83	2.45	0.13	1.119
构造物Ⅲ	1.31	1.77	2.77	3.62	4.85	0.25	1.130
技术复杂大桥	0.75	1.01	1.58	2.06	2.76	0.14	1.135
隧道	0.52	0.71	1.11	1.45	1.94	0.10	1.113
钢材及钢结构	0.72	0.97	1.51	1.97	2.64	0.13	1.174

注：①工地转移距离以转移前后工程主管单位（如工程处、队等）驻地距离或两路线中点的距离为准。

②编制概算时，如施工单位不明确，省、自治区、直辖市属施工企业承包的建设项目，可按省会（自治区首府）至工地的里程计算工地转移费。

③工地转移里程数在表列里程之间时，费率可用内插法计算。工地转移距离在 50 km 以内的工程不计取本项费用。

二、间接费

间接费是指直接费以外，企业用于管理工程项目和向国家缴纳所需的费用，由规费和企业管理费两项组成。

（一）规费

规费是指法律、法规、规章、规程规定施工企业必须缴纳的费用（简称规费），包括养老保险费、失业保险费、医疗保险费、住房公积金、工伤保险金。

养老保险费，指施工企业按规定标准为职工缴纳的基本养老保险费。

失业保险费，指施工企业按国家规定标准为职工缴纳的失业保险费。

医疗保险费，指施工企业按规定标准为职工缴纳的基本医疗保险费和生育保险费。

住房公积金，指施工企业按规定标准为职工缴纳的住房公积金。

工伤保险金，指施工企业按规定标准为职工缴纳的工伤保险费。

各项规费以各类工程的人工费之和为基数，按国家或工程所在地法律、法规、规章、规程规定的标准计算。

（二）企业管理费

企业管理费由基本费用、主副食运费补贴、职工探亲路费、职工取暖补贴和财务费用五项组成。

企业管理费中的税金是指企业按规定缴纳的房产税、车船税、土地使用税、印花税、城市维护建设税及教育费附加等。城市维护建设税及教育费附加已含在调整后的企业管理费基本费用费率中，不另行计算。

1. 基本费用

企业管理费基本费用是指施工企业为组织施工生产和经营管理所需的费用，内容如下：

①管理人员工资，指基本工资、工资性补贴、职工福利费、劳动保护费，及缴纳的养老、失业、医疗、生育、工伤保险费和住房公积金等。

②办公费，指企业办公用的文具、纸张、账表、印刷、邮电、书报、会议、水、电、烧水和集体取暖（包括现场临时宿舍取暖）用煤（气）等费用。

③差旅交通费，指职工因公出差和工作调动（包括随行家属的旅费）的差旅费、住勤补助费，市内交通费和误餐补助费，职工探亲路费，劳动力招募费，职工离退休、退职一次性路费，工伤人员就医路费，及管理部门使用的交通工具的油料、燃料、养路费及牌照费。

④固定资产使用费，指管理和试验部门及附属生产单位使用的属于固定资产的房屋设备、仪器等的折旧费、大修费、维修费或租赁费等。

⑤生产工具用具使用费，指管理使用的不属于固定资产的生产工具、器具、家具、交通工具和检验、试验、测绘、消防用具等的购置费、维修费和摊销费。

⑥劳动保险费，指企业支付离退休职工的易地安家补助费、职工退职金、六个月以上的病假人员工资、职工死亡丧葬补助费、抚恤费、按规定支付给离休干部的各项经费。

⑦工会经费，指企业按职工工资总额计提的工会经费。

⑧职工教育经费，指企业为职工学习先进技术和提高文化水平，按职工工资总额计提的费用。

⑨保险费，指企业财产保险、管理用车辆等保险费用。

⑩工程保修费，指工程竣工交付使用后，在规定保修期以内的修理费用。

⑪工程排污费，指施工现场按规定缴纳的排污费用。

⑫税金，指企业按规定缴纳的房产税、车船税、土地使用税、印花税等。

⑬其他，指上述项目以外的其他必要的费用支出，包括技术转让费、技术开发费、业务招待费、绿化费、广告费、投票费、公证费、定额测定费、法律顾问费、审计费、咨询费等。

2. 主副食运费补贴

主副食运费补贴是指施工企业在远离城镇及乡村的野外施工购买生活必需品所须增加的费用。该费用以各类工程的直接费之和为基数，按表4-12的费率计算。

表4-12　主副食运费补贴费率表（单位：%）

工程类别	综合里程/km											每增加10	调整系数
	1	3	5	8	10	15	20	25	30	40	50		
人工土方	0.17	0.25	0.31	0.39	0.45	0.56	0.67	0.76	0.89	1.06	1.22	0.16	1.013
机械土方	0.13	0.19	0.24	0.30	0.35	0.43	0.52	0.59	0.69	0.81	0.95	0.13	1.124
汽车运输	0.14	0.20	0.25	0.32	0.37	0.45	0.55	0.62	0.73	0.86	1.00	0.14	1.146
人工石方	0.13	0.19	0.24	0.30	0.34	0.42	0.51	0.58	0.67	0.80	0.92	0.12	1.013
机械石方	0.12	0.18	0.22	0.28	0.33	0.41	0.49	0.55	0.65	0.76	0.89	0.12	1.122
高级路面	0.08	0.12	0.15	0.19	0.22	0.28	0.33	0.38	0.44	0.52	0.60	0.08	1.146
其他路面	0.09	0.12	0.15	0.19	0.22	0.28	0.33	0.38	0.44	0.52	0.61	0.09	1.082
构造物Ⅰ	0.13	0.18	0.23	0.28	0.32	0.40	0.49	0.55	0.65	0.76	0.89	0.12	1.078
构造物Ⅱ	0.14	0.20	0.25	0.30	0.35	0.42	0.52	0.60	0.70	0.83	0.96	0.13	1.109
构造物Ⅲ	0.25	0.36	0.45	0.55	0.64	0.79	0.96	1.09	1.28	1.51	1.76	0.24	1.120
技术复杂大桥	0.11	0.16	0.20	0.25	0.29	0.36	0.43	0.49	0.57	0.68	0.79	0.11	1.124
隧道	0.11	0.16	0.19	0.24	0.28	0.34	0.42	0.48	0.56	0.66	0.77	0.10	1.103
钢材及钢结构	0.11	0.16	0.20	0.26	0.30	0.37	0.44	0.50	0.59	0.69	0.80	0.11	1.159

注：①综合里程=粮食运距×0.06+燃料运距×0.09+蔬菜运距×0.15+水运距×0.70。

②粮食、燃料、蔬菜、水的运距均为全线平均运距；综合里程数在表列里程之间时，费率可用内插法计算；综合里程在1km以内的不计取本项费用。

3. 职工探亲路费

职工探亲路费是指按照有关规定施工企业职工在探亲期间发生的往返车船费、市内交通费和途中住宿费等费用。该费用以各类工程的直接费之和为基数，按表4-13的费率计算。

表4-13 职工探亲路费费率表（单位:%）

工程类别	费率	调整系数	工程类别	费率	调整系数
人工土方	0.10	1.087	构造物Ⅰ	0.29	1.156
机械土方	0.22	1.207	构造物Ⅱ	0.34	1.189
汽车运输	0.14	1.229	构造物Ⅲ	0.55	1.201
人工石方	0.10	1.087	技术复杂大桥	0.20	1.207
机械石方	0.22	1.203	隧道	0.27	1.184
高级路面	0.14	1.230	钢材及钢结构	0.16	1.244
其他路面	0.16	1.161			

4. 职工取暖补贴

职工取暖补贴是指按规定发放给职工的冬季取暖费或在施工现场设置的临时取暖设施的费用。该费用以各类工程的直接费之和为基数，按工程所在地的气温区选用表4-14的费率计算。

表4-14 职工取暖补贴费率表（单位:%）

工程类别	气温区							调整系数
	准二区	冬一区	冬二区	冬三区	冬四区	冬五区	冬六区	
人工土方	0.03	0.06	0.10	0.15	0.17	0.26	0.31	1.068
机械土方	0.06	0.13	0.22	0.33	0.44	0.55	0.66	1.186
汽车运输	0.06	0.12	0.21	0.31	0.41	9.51	0.62	1.208
人工石方	0.03	0.06	0.10	0.15	0.17	0.25	0.31	1.068
机械石方	0.05	0.11	0.17	0.26	0.35	0.44	0.53	1.183
高级路面	0.04	0.07	0.13	0.19	0.25	0.31	0.38	1.209
其他路面	0.04	0.07	0.12	0.18	0.24	0.30	0.36	1.141
构造物Ⅰ	0.06	0.12	0.19	0.28	0.36	0.46	0.56	1.136
构造物Ⅱ	0.06	0.13	0.20	0.30	0.41	0.51	0.62	1.168
构造物Ⅲ	0.11	0.23	0.37	0.56	0.74	0.93	1.13	1.180
技术复杂大桥	0.05	0.10	0.17	0.26	0.34	0.42	0.51	1.186
隧道	0.04	0.08	0.14	0.22	0.28	0.36	0.43	1.163
钢材及钢结构	0.04	0.07	0.12	0.19	0.25	0.31	0.37	1.223

5. 财务费用

财务费用是指施工企业为筹集资金而发生的各项费用，包括企业经营期间发生的短期贷款利息净支出、汇兑净损失、调剂外汇手续费、金融机构手续费，及企业筹集资金发生的其他财务费用。该费用以各类工程直接费为基数，按表4-15的费率计算。

表4-15　财务费用费率表（单位:%）

工程类别	费率	调整系数	工程类别	费率	调整系数
人工土方	0.23	1.075	构造物Ⅰ	0.37	1.144
机械土方	0.21	1.194	构造物Ⅱ	0.40	1.176
汽车运输	0.21	1.216	构造物Ⅲ	0.82	1.188
人工石方	0.22	1.075	技术复杂大桥	0.46	1.192
机械石方	0.20	1.190	隧道	0.39	1.170
高级路面	0.27	1.217	钢材及钢结构	0.48	1.231
其他路面	0.30	1.148			

间接费内容及费率用于交通运输部直属公路施工企业和各省、自治区、直辖市直属公路施工企业。地区（州）、市、县所属公路施工企业的间接费内容及费率，由各省、自治区、直辖市交通运输厅（局）根据本地区具体情况自行制定，但费用内容应与本定额一致，且不得高于本定额的费率。

（三）辅助生产间接费

辅助生产间接费是指由施工单位自行开采加工的砂、石等材料及施工单位自办的人工装卸和运输的间接费。

辅助生产间接费按人工费的5%计。该项费用并入材料预算单价内构成材料费，不直接出现在概（预）算中。

高原地区施工单位的辅助生产，可按其他工程费中高原地区施工增加费费率，以直接工程费为基数计算高原地区施工增加费（其中：人工采集、加工材料，人工装卸、运输材料按人工土方费率计算；机械采集、加工材料按机械石方费率计算；机械装卸、运输材料按汽车运输费率计算）。

辅助生产高原地区施工增加费不作为辅助生产间接费的计算基数。

三、利润、税金

（一）利润

利润是指施工企业完成所承包工程应取得的盈利，属于税前利润。利润按直接费与间接费之和，在扣除规费后的 7.42%（营改增后利润率值，营改增前为 7%），下式为计算式。建筑市场竞争程度及业主对项目的要求不同，企业自身生产能力与管理水平不同，因此，中标项目的实际利润也与计算建筑安装工程费所计取的利润不同。

$$利润 = （直接费+间接费-规费）×7.42\% \tag{式 4-21}$$

（二）税金

税金是指按国家税法规定应计入建筑安装工程造价内的营业税、城市维护建设税及教育费附加等。

营改增前税金计算过程见以下三式。

$$综合税金额 = （直接费+间接费+利润）×综合税率 \tag{式 4-22}$$

①纳税地点在市区的企业，综合税率为：

$$综合税率 = \left(\frac{1}{1-3\%-3\%×7\%-3\%×3\%} - 1 \right) × 100\% = 3.41\% \tag{式 4-23}$$

②纳税地点在县城、乡镇的企业，综合税率为：

$$综合税率 = \left(\frac{1}{1-3\%-3\%×5\%-3\%×3\%} - 1 \right) × 100\% = 3.35\% \tag{式 4-24}$$

③纳税地点不在市区、县城、乡镇的企业，综合税率为：

$$综合税率 = \left(\frac{1}{1-3\%-3\%×1\%-3\%×3\%} - 1 \right) × 100\% = 3.22\% \tag{式 4-25}$$

营改增后建筑安装工程费用的税金是指国家税法规定应计入建筑安装工程造价的增值税销项税额。按下式计算：

$$税金 = （直接费+间接费+利润）×11\% \tag{式 4-26}$$

四、建筑安装工程费

（一）建筑安装工程费的计算方法

建筑安装工程费的编制，是按照实物量法的计价方法进行的，是由单个到总体，即按照分项工程、分部工程、工程项目，逐项计算，层层汇总，可以用下述一系列公式来表达。

（二）建筑安装工程费的计算程序

1. 分项工程的建筑安装工程费

（1）建筑安装工程费基本计算方法

如路基土方，要按人工挖运松土、普通土、硬土，或推土机推运松土、普通土、硬土等，分别逐项进行计算，其计算过程如下：

$$直接工程费（人工、材料、机械）=$$

$$分项工程量×人工、材料、机械定额消耗×相应的预算价格 \quad （式4-27）$$

$$其他工程费=直接工程费×其他工程费综合费率或各类工程$$

$$人工费和机械费之和×其他工程费综合费率 \quad （式4-28）$$

$$直接费=直接工程费+其他工程费 \quad （式4-29）$$

$$间接费=各类工程人工费×规费综合费率+直接费×企业管理费综合费率 \quad （式4-30）$$

$$利润=（直接费+间接费-规费）×利润率 \quad （式4-31）$$

$$税金=（直接费+间接费+利润）×综合税率 \quad （式4-32）$$

$$建筑安装工程费=直接工程费+其他工程费+间接费+利润+税金 \quad （式4-33）$$

（2）营改增后，建筑安装工程费计算的调整

营改增后，公路工程建筑安装工程费按"价税分离"计价规则计算，具体要素价格适用增值税税率执行财税部门的相关规定。建筑安装工程费按下式计算：

$$建筑安装工程费=税前工程造价×（1+建筑业增值税税率） \quad （式4-34）$$

$$税前工程造价=直接费+间接费+利润 \quad （式4-35）$$

直接费等均以不含增值税（可抵扣进项税额）的价格（费率）进行计算。建筑业增值税税率为11%。

2. 分部工程的建筑安装工程费

分部工程的建筑安装工程费是指将上述人工挖运松土、普通土、硬土综合为人工土方一项。不过这种综合，要根据工程造价项目表的规定和要求与建设工程的实际情况来确定，其综合的内容就是将各分项工程的各种材料和机械台班数量及其各项金额分别进行汇总。

3. 工程项目的建筑安装工程费

工程项目的建筑安装工程费是指将分部工程的建筑安装工程费进一步汇总。如将人工土方和机械土方综合为土方一项，其汇总的内容，亦要包括各种实物量（人工、材料、机械）和各种金额。

最后将各工程项目的金额进行汇总，就是建筑安装工程费，而建筑安装工程费的编制工作通过建筑安装工程费计算数据表进行计算完成。

计算建筑安装工程费时，人工、材料和机械台班的数量，应取一位小数，金额以元为单位，可取整数。

（三）公路交工前养护费和绿化工程费

公路交工前养护费和绿化工程费也属于建筑安装工程费的项目，其计算方法比较特殊，因此单独计列。

1. 公路交工前养护费

公路交工前养护费，指对路线工程陆续交工的路段，在路段交工初验时，以路面为主包括路基、构造物在内的养护费用。

（1）养护费指标

公路交工前养护费指标，按工程的全线里程及平均养护月数，以下列标准计算：

①三级、四级公路按 60 工日/（月·km）；

②二级以上公路按 30 工日/（月·km）。

（2）养护费计算

按路面工程类别，以人工费为基数计算其他工程费和间接费。

2. 绿化工程费

绿化工程费是属于建安费的工程项目。凡新建、改建路线工程，应计绿化工程费。绿化工程应由施工单位负责在适宜的气候条件下完成绿化施工。绿化工程费是按路线总里程，以下列绿化补助费指标计算。

①新建公路，按平原微丘区 5000 元/km、山岭重丘区 1000 元/km 计算。以上费用标准内已包括其他工程费和间接费。

②改建公路，按上列指标的 80% 计。

（四）冬季、雨季、夜间施工增工

冬季、雨季、夜间施工增工是指在冬季、雨季及夜间施工时为保证工程质量和安全而采取的各项防护措施及工作效率降低所须增加的人工工日数量。冬季、雨季施工增工百分率如表 4-16 所示。

表 4-16　冬季、雨季施工增工百分率（单位:%）

项目	雨季施工		冬季施工							
	雨量区		冬一区		冬二区		冬三区	冬四区	冬五区	冬六区
	I	II	I	II	I	II				
路线	0.30	0.45	0.70	1.00	1.40	1.80	2.10	3.00	4.50	6.75
独立大、中桥	0.30	0.45	0.30	0.40	0.50	0.60	0.80	1.00	1.50	2.25

冬季、雨季、夜间施工增工计算方法如以下三式所示。

1. 冬季施工增加工日数

冬季施工增加工日=各类工程概算、预算工数之和×冬季施工增工百分率

（式 4-36）

2. 雨季施工增加工日数

$$雨季施工增加工日=各类工程概算、预算工数之和×$$

$$雨季施工增工百分率×雨季期月数 \qquad （式4-37）$$

3. 夜间施工增加工日数

$$夜间施工增加工日=夜间施工工程项目概算、预算工数×4\% \qquad （式4-38）$$

4. 临时设施用工数量

临时设施用工是指临时设施的搭设、维修、拆除所需的人工数量，其用工指标如表4-17所示。

表4-17 临时设施用工指标

项目	路线/1 km					独立大、中桥（100 m²桥面）
	公路等级					
	高速公路	一级公路	二级公路	三级公路	四级公路	
工日	2340	1160	340	160	100	60

五、清单计价

工程造价在不同阶段根据工程内容的明确与否，应有不同的测算方式，如投资估算、设计概算、施工图预算、标底和报价等。标底和报价在施工招投标阶段应用，应按交通运输部《建设工程工程量清单计价规范》要求采用工程量清单计价方式。清单计价区别于概算、预算计价，清单项目中一项可能包括一个或多个概算、预算分项。使相关联的工程分项合计在一起形成清单项目来综合计价的方法就称为综合单价法，或清单价。

工程量清单是按照招标要求和设计图纸要求规定将拟建招标工程的全部项目和内容，依据统一的工程量计算规则，统一的工程量清单项目编制规则要求，计算拟建招标工程项目的分部分项工程数量的表格。工程量清单是招标文件的组成部分，包括工程量清单说明和工程量清单表。

（一） 工程量清单项目

工程量清单项目包括分部分项工程项目和其他项目。

1. 分部分项工程项目

分部分项工程项目清单的项目设置应包括项目编码、项目名称、项目特征、计量单位、工程内容。计量单位一般采用基本单位，项目名称以形成的工程实体命名。项目编码按招标范本要求填写即可。工程内容是完成清单项目可能发生的具体工作，可能包含一项或多项概算、预算分项，具体见清单计量规则。

2. 其他项目清单

其他项目清单是指招标人和投标人的预留金、材料购置费、总承包服务费、零星工作费等。

（二）清单项目计价基本原理

清单的综合单价是指清单中某项目的所有工程内容的人工费、材料费、施工机具使用费、其他工程费、管理费、利润等并适当考虑风险费得到的单价计算方法。其中，清单中的一个分项可能包括多个定额分项。

$$分部工程费 = \sum 分项工程量 \times 分项工程综合单价 \qquad (式\ 4\text{-}39)$$
$$单位工程造价 = \sum 分部工程费 + 其他项目费用 + 规费 + 税金 \qquad (式\ 4\text{-}40)$$

（三）定额计价模式与清单计价模式的区别

定额计价模式属于传统计价方法，根据图纸和定额计算直接工程费，再计算其他工程费、规费、企业管理费、利润、税金，最后形成单位工程造价。

清单计价模式是根据招标方提出的工程量清单，投标方计算清单各分项的综合单价，计算分项和分部工程的费用，再计算其他项目费用、规费和税金，最后汇总形成单位工程造价。

六、工程建设其他费用

工程建设其他费用是由建设项目管理费、研究试验费、建设项目前期工作费、专项评价（估）费、施工机构迁移费、供电补贴、联合试运转费、生产人员培训费、固定资产投资方向调节税、建设期贷款利息 11 项费用组成。

（一）建设项目管理费

建设项目管理费包括建设单位（业主）管理费、工程质量监督费、工程监理费、工程定额测定费、设计文件审查费和竣（交）工验收试验检测费。

（二）研究试验费

研究试验费是指为本建设项目提供或验证设计数据、资料进行必要的研究试验和按照设计规定在施工过程中必须进行试验、验证所需的费用，及支付科技成果、先进技术的一次性技术转让费。

（三）建设项目前期工作费

建设项目前期工作费是指委托勘察设计、咨询单位对建设项目进行可行性研究、工程勘察设计，及设计、监理、施工的招标文件及招标标底或造价控制值文件编制时，按规定应支付的费用。

（四）专项评价（估）费

专项评价（估）费是指依据国家法律、法规规定须进行评价（估）、咨询，按规定应支付的费用。该费用包括环境影响评价费、水土保持评估费、地震安全性评价费、地质灾害危险性评价费、压覆重要矿床评估费、文物勘察费、通航论证费、行洪论证（评估）费、使用林地可行性研究报告编制费、用地预审报告编制费等费用。

专项评价（估）费按国家颁发的收费标准和有关规定进行编制。

（五）施工机构迁移费

施工机构迁移费是指施工机构根据建设任务的需要，经有关部门决定成建制地（指工程处等）由原驻地迁移到另一地区所发生的一次性搬迁费用。

施工机构迁移费应经建设项目的主管部门同意按实计算。但计算施工机构迁移费后，如迁移地点即为新工地地点（如独立大桥），则其他工程费内的工地转移费应不再计算；如施工机构迁移地点至新工地地点尚有部分距离，则工地转移费的距离应以施工机构新地点为起点计算。

（六）供电补贴费

供电补贴费是指按照国家规定，建设项目应交付的供电工程补贴费、施工临时用电补贴费。

供电补贴费按国家有关规定计列。目前停止征收。

（七）联合试运转费

联合试运转费是指新建、改（扩）建工程项目，在竣工验收前按照设计规定的工程质量标准，进行动（静）载荷载试验所需的费用，或进行整套设备带负荷联合试运转期间所需的全部费用抵扣试车期间收入的差额。该费用不包括应由设备安装工程项下开支的调试费。

联合试运转费的费用内容包括联合试运转期间所需的材料、油燃料和动力的消耗，机械和检测设备使用费，工具用具和低值易耗品费，参加联合试运转人员工资及其他费用等。

联合试运转费以建筑安装工程费总额为基数，独立特大型桥梁按 0.075%、其他工程按 0.05% 计算。

（八）生产人员培训费

生产人员培训费是指新建、改（扩）建工程项目，为保证生产的正常运行，在工程竣工验收交付使用前运营部门生产人员和管理人员进行培训所必需的费用。

生产人员培训费的费用内容包括培训人员的工资、工资性补贴、职工福利费、差旅交通费、劳动保护费、培训及教学实习费等。

生产人员培训费按设计定员和 2000 元/人的标准计算。

（九）固定资产投资方向调节税

固定资产投资方向调节税是指为了贯彻国家产业政策，控制投资规模，引导投资方向，调整投资结构，加强重点建设，促进国民经济持续稳定协调发展，依照《中华人民共和国固定资产投资方向调节税暂行条例》规定，公路建设项目应缴纳的固定资产投资方向调节税。

固定资产投资方向调节税按国家有关规定计算（目前暂停征收）。

（十）建设期贷款利息

建设期贷款利息是指建设项目中分年度使用国内贷款或国外贷款部分，在建设期内应归还的贷款利息。其费用内容包括各种金融机构贷款、企业集资、建设债券和外汇贷款等利息。

建设期贷款利息根据不同的资金来源按需付息的分年度投资计算。

第五章　公路工程造价管理

第一节　公路工程造价管理体系

一、我国公路工程造价管理程序

公路造价管理的基本程序，根据项目类别（分为重大项目和一般项目）而有所差异。重大项目须得到国家级政府主管部门的审批，一般项目可由省级政府主管部门进行审批。本章以国家重大公路建设项目造价管理的流程为例，进行说明。

（一）投资决策阶段造价管理的程序

在公路项目的预、工可行性研究阶段中，咨询单位提交的项目估算首先经过省交通主管部门或者省交通主管部门委托省造价站审查，报省发展和改革委员会审查并出具审查意见，上报交通运输部。交通运输部对上报的项目研究报告委托交通运输部规划研究院审核后进行审查，上报国家发展和改革委员会，由其委托机构审核并出具审核意见。审核意见反馈后，中华人民共和国国家发展和改革委员会对项目报告研究进行审批。对企业投资且不使用政府性资金的公路建设项目由国家发展改革委员会对其进行核准。

（二）设计阶段造价管理的程序

在设计阶段中，项目初步设计概算经中华人民共和国省级交通运输部门或其委托省造价站审查，上报交通运输部，由部委托的咨询机构进行审核，审核意见反馈后，交通运输部进行审批；在初步设计得到审批之后，项目可以进行施工图设计，项目施工图预算由省交通主管部门进行审查审批，省内设有造价站并承担审查职能的，造价站也参与审查预算。

（三）实施阶段造价管理的程序

在项目的施工图设计得到批准之后，项目建设管理单位就开始组织确定项目施工单位的招标工作。在运用合理低价中标方式的项目中，项目建设管理单位通常会组织一些具有估价经验的专家，结合项目预算、类似项目的经验制定一个项目的投标最高限价。参与投标的施工企业，若其投标资金数额超出最高限价，则会失去参加综合评分的资格。项目的中标价作为项目的施工结算依据。省交通主管部门对整个招标过程及中标价格的合理性行使监督职责。

(四) 交、竣工阶段造价管理的程序

在交、竣工验收阶段，项目建设管理单位编制的工程决算须上报交通主管部门，并同时抄送造价管理站。在工程决算编制的基础上，项目建设管理单位完成竣工财务决算，其经过省交通主管部门审查或委托承担审查决算职能的省造价站进行审查，再由交通运输部进行审批。竣工验收需要经过交通行业内审计部门的审计。

(五) 其他政府主管部门涉及的造价管理工作

其他涉及公路造价管理相关工作的政府机构还有：中华人民共和国国家发展和改革委员会、审计署、财政部和中华人民共和国住房和城乡建设部。中华人民共和国国家发展和改革委员会下设重大项目稽查办公室，审计署是在项目建设过程中及完成后分别履行其稽查、审计的职能。其中中华人民共和国国家发展和改革委员会重大项目稽查办公室主要从公路建设项目资金的使用、概算控制的情况及项目建设是否符合基本程序等方面进行稽查。审计署则是审计概预算的执行情况及竣工决算方面。财政部是对公路建设项目的概算、预算及决算的审查。中华人民共和国住房和城乡建设部主要是从建设行业管理角度制定相关的法规政策，与公路造价管理直接相关的法规及工作主要有：第一，中华人民共和国住房和城乡建设部与中华人民共和国财政部联合颁布的《建筑安装工程费用项目组成》；第二，工程造价咨询企业资质的批准；第三，注册造价工程师的资质管理。

二、我国公路工程造价管理内容

(一) 计价依据编制和发布管理

当前，交通运输部颁布了全国性公路造价计价依据法规，这些文件是在交通运输部的统一部署、组织领导下，由行业内的有关机构及专业人员共同参与编制、制定，并由交通运输部向全国发布实施。交通公路工程定额站及各省级造价站或定额站是参加制定这些文件的主要力量。因全国统一定额反映的是一个全国范围内的平均水平，及统一定额的缺项及各地区的差异，各省份也在积极地编制、发布补充性的计价依据。补充性的计价依据是由各省公路造价管理执行机构编制，各省交通主管部门发布。公路造价的计价依据除了主要由交通行业部门编制和发布的之外，相关专业还参照国家其他行业相关部门的法规文件及发布的补充规定。

（二）造价从业人员和机构资质管理

1. 从业人员资质管理

交通运输部公路司主管公路造价人员的资格认证工作，设立全国公路工程造价人员资格认证领导小组，统一规划和管理全国公路工程造价人员资格认证工作。交通公路工程定额站为全国公路工程造价人员资格认证的日常办事机构。各省、自治区、直辖市交通厅（局）设立本地区公路工程造价资格认证领导小组，并下设资格认证工作办公室，负责本地区资格认证的日常管理工作。

2. 从业机构资质管理

公路造价从业机构包括：公路造价咨询类企业、公路勘察设计类企业及公路建设监理公司等。当前公路造价咨询和公路勘察设计的企业资质都是由中华人民共和国住房和城乡建设部进行准入管理。

（三）造价信息管理

目前，我国公路造价信息发布方主要为省级造价管理执行机构。发布的渠道主要有两种：公路造价信息网和公路造价信息期刊。全国性的公路造价信息网尚未建立，对已完、在建及前期项目公路工程造价信息资料尚未建立数据库、进行系统管理。部分已经建立公路造价信息网的准备筹建已完公路造价信息的数据库。也有部分省份每隔一段时间就通过公路造价信息期刊发布公路的造价信息。除了这两个发布渠道外，全国范围内还有五个公路工程造价管理联络网，即华东片区公路工程造价管理联络网、华北东北公路工程造价管理联络网、西北片区公路工程造价管理联络网、西南片区公路工程造价管理联络网、中南片区公路工程造价管理联络网。这五大公路造价联络网定期召开会议，对与公路工程造价相关的问题及事宜进行交流和研究。

现阶段，公路造价信息发布的内容主要有：市场材料价格、公路造价工程师资格认证情况、地方性公路工程补充定额及编制办法补充规定、法规制度转载、研究资料交流等，对已建完公路的造价信息管理涉及较少，其作用尚待充分发挥。

三、我国公路工程造价管理发展特点

（一）管理主体不因经济体制变化而变化

在计划经济时期，政府是公路造价管理的主体。由它来组织公路的投资建设，颁布公路工程定额和编制办法，组织人员收集公路造价资料和测定劳动定额。在市场经济体制下，尽管公路造价管理的职能增加了，但同样是由政府来承担。政府具体负责公路造价费用的审查、审批，颁布公路工程造价的计价依据和编制办法，定期或者不定期地发布工、料、机的价格，对公路工程造价人员的资质进行管理等。

这实际反映出：由于公路固有的共用品属性，只有政府才能履行为社会公众提供公路产品的基本责任。因此，那种认为"市场条件下，公路造价由市场确定，而不需要政府干预"的观点是片面的。第一，公路项目的决策计划阶段需要进行对投资的估价；第二，由于公路建设投资的主要资金来自政府财政，政府公路交通主管部门具有责任和义务保证这部分投资的合理、有效使用；第三，在市场条件下，由于存在竞争机制，政府对公路造价管理的难度远高于旧有的计划体制，因此，对原有公路造价管理体制应进行必要的改革。

（二）计价手段、方式因经济体制变化而不断发生变化

从造价管理的发展历程可以看出，定额是在新中国成立后计划经济发展的过程中逐步产生、发展和成熟的。在计划经济时期，定额所反映的是测算造价的指令。因为计划经济时期的定额不仅规定工、料、机的消耗量，同时也规定了工、料、机的价格，即量价合一。这与计划经济时期人工、材料、机械执行国家计划价格密切相关。因此，这种体制下采用工程量乘以单位估价表便能容易地得到公路工程的造价。

实行市场经济后，各种物价逐步放开，定额中的各种材料价格和人工工资也逐步放开。此时定额的内容发生了转变，实行了"量价分离"的调整，即定额中仅对工、料、机的消耗量做了规定，工、料、机的价格采用公路建设项目发生地的价格。此时编制公路工程投资估算、概算、预算均是采用实物量法。随着市场经济的逐步深入，公路施工实行了在工程量清单基础上的招投标。投标人针对工程量清单按照自己的劳动生产率、技术装备、施工工艺水平等因素对列出的工程量进行报价（综合单价），再在此基础上采用综合单价法计算出公路工程的造价。

（三）定期修订以 10~15 年为一个周期

从公路工程造价管理发展历程的回顾可以发现，定额的制定和修编的时间先后为：1955 年、1973 年、1982 年、1984 年、1992 年、1996 年、2002 年、2007 年。从发生的时间上能够看出，定额等计价依据的修订工作是以 10~15 年为一个周期。

四、BIM 技术在工程造价管理体系中的应用

（一）BIM 技术下的工程造价管理体系

BIM 技术下的工程造价管理体系主要是集合了 BIM 技术和 CAD 而成，是一种前沿的

工程造价管理体系。在建筑工程施工中，BIM 技术的广泛推广和应用，遵循相应工程流程的同时，实践应用范围更广，有助于对现有的工程造价管理应用流程做进一步改进和完善，为工程带来更大的经济效益。

（二）工程造价管理体系中 BIM 技术应用的问题

1. BIM 技术认知不全面

建筑行业是国民经济持续增长的支柱型产业之一，在城市现代化建设和发展下，建筑行业呈现良好的发展前景，科技生产水平也随之提升。在 BIM 技术应用中，管理人员由于对 BIM 技术认知不全面，导致实际工作中未能灵活有效应用，制约 BIM 技术原有作用。加之部分工程造价管理人员的 BIM 技术应用水平不足，缺乏深刻的了解，尤其是在数据处理工作方面无法有效应对，影响到 BIM 技术原有效益发挥。在这样的环境下，工程造价管理中 BIM 技术的广泛推广和应用将受到限制和阻碍。此外，工程利益单位和各个部门之间沟通不畅，缺少统一造价管理思想指导，工程造价管理出现混乱问题。

2. 工程信息共享协同性不足

在工程造价管理中，管理机构较多，不同部门间的规章制度存在一定差异，这就导致不同部门之间的沟通和交流受到一定影响，导致不同部门之间数据信息协同共性不足，严重影响到工程造价管理质量。借助 BIM 收集和处理数据，在降低人工劳动强度的同时，可以有效提升工作效率，但是在具体应用中却由于人员自身限制，未能充分发挥 BIM 技术原有效用。在 BIM 技术基础上建立信息模型，实现数据的收集和整理，便于后续的信息高效处理。

3. BIM 技术应用环境较差

在建筑工程造价管理中，BIM 技术的应用环境较差，由于施工单位对 BIM 技术的认知不足，严重制约 BIM 技术在工程造价管理中的广泛应用。加之实践应用经验不足，在一定程度上制约 BIM 技术规范化应用，通过 BIM 技术建立工程造价管理平台，覆盖工程各个主体，其中包括施工单位、设计单位和业务等，可以为后续的工程管理、决策和运营维护提供可靠依据。

（三）BIM 技术在工程造价中技术改善对策

1. 加强 BIM 技术推广和宣传

当前工程造价管理中 BIM 技术的普及度不足，很大程度上是由于 BIM 技术的推广和宣传力度不足，对于 BIM 技术认知不足，忽视了 BIM 技术和工程造价管理之间的潜在关系。在工程造价管理中，BIM 技术在其中具有重要促进作用，这就需要做好技术推广和宣传工作，切实提升 BIM 技术推广成效。通过大范围宣传 BIM 技术优势，有助于改善建筑工程中的缺陷和不足，编制合理的应用标准文件，以便推动工程造价管理工作发展。

2. 增加 BIM 技术投入力度

为了充分发挥 BIM 技术优势，应该持续增加技术支持和投入力度。在国家培养和企业培养结合方式基础上，促使技术单位和院校整合在一起，提升技术人才培养成效。在这样的背景下，国家应该结合实际情况制定和实施技术支持政策，结合国情来研发符合我国建筑工程造价管理需要的 BIM 软件，提升工程造价管理成效。

3. 推动技术创新，提升造价管理水平

相较于国外 BIM 技术而言，我国的 BIM 技术起步较晚，其中还有很多问题有待完善。这就需要把握住合理机会，推动工程造价和 BIM 技术结合，在实践工作中推动 BIM 技术创新和完善，以便提升技术创新力度，便于为建筑工程造价管理提供支持，其重要性不言而喻。

（四）工程造价管理中 BIM 技术的应用途径

1. 工程投资决策阶段造价管理

在建筑工程投资决策阶段，加强 BIM 技术应用，有助于为工程质量、工程进度和工程成本控制奠定基础，辅助设计人员编制合理的设计方案，提升设计合理性。在投资决策阶段，在了解工程设计角色行为基础上，对比分析工程投资概算和结算情况，在满足工程实际需要基础上选择最佳的设计方案。借助 BIM 技术可以建立三维建筑模型，模拟工程实际情况，内容更为直观生动，有助于帮助人员了解建筑实际情况，为后续的建筑投资和决策提供参考依据。对工程设计概算方案的编制，需要综合考量其他工程的案例情况，借助 BIM 技术来整合工程数据，将数据分类重点分析，选择对应的造价指标，便于为后续的工程造价估算提供指导和帮助，编制合理的工程设计造价方案。

2. 工程设计阶段造价管理

在设计方案中，其中包括工程规模、工程地点和工艺流程，整合工程技术和人员相关信息，在此基础上提升设计概算精准性，获取精准、完整的工程信息。借助 BIM 技术优化和完善设计方案，实现对工程设计方案的合理控制。通过建立 BIM 技术三维建筑模型，整合工程核算数据，编制符合工程要求的指标，可以有效降低工程成本和工作强度，提升设计合理性。借助 BIM 检验软件，设计相对应的指标，同样可以对设计方案进行检验，在此基础上编制工程造价和设计方案，为后续工作开展奠定基础，为工程带来更大的经济效益。

3. 工程施工阶段造价管理

在建筑工程施工阶段的造价管理中，作为工程重点环节，充分发挥 BIM 技术优势辅助工程造价管理，需要充分了解和掌握施工工艺，整合施工材料价格进行分析，选择最佳的材料和工艺，实现对工程资源全面控制，降低资源浪费问题出现的同时，实现成本的有效控制，为公司带来更大的经济效益。

4. 工程竣工阶段造价管理

在工程竣工阶段的造价管理中，发挥 BIM 技术优势整合工程造价信息，建立数据模型智能化分析和管理工程数据，可以有效提升信息处理效率。相较于传统数据处理方法而言，信息搜索和存储效率更高，可以为后续的工程管理和决策提供可靠依据。

五、大数据下公路工程造价管理创新

（一）大数据和大数据技术概念

大数据能够对海量数据进行可视化、存储、管理及分析，具备大量、高速、多样、低价值密度、真实性特点，可以对数据信息进行分布式挖掘，提升数据潜藏的价值。大数据技术能依托云储存技术、虚拟化技术等对数据信息进行专业化处理。

（二）大数据与公路工程发展现状

科学信息技术的升级、互联网络的普及，给人们的生活和工作带来了翻天覆地的变化。当前，我国公路工程造价管理的信息化管理发展还处于初级阶段，很多建筑企业在造价管理时，依旧采取人工计算的模式进行项目费用预算。这种计算方式已经无法满足现代化企业管理需求。由于工程项目计算中涉及的数据信息量庞大，且计算步骤复杂，在面对海量数据信息时，人工计算过程中经常会出现计算错误、计算漏项、重复计算等问题，不仅效率低下，而且会延误项目施工工期。为此，建筑企业需要借助大数据技术做好公路工程海量数据信息的整理和分析，才能提高造价管理的质量和效率。

（三）大数据下公路工程造价管理存在的问题

1. 造价水平较差

现阶段我国公路工程领域信息化整体建设水平不高，尤其是涉及大量数据信息的工程造价行业，部分企业造价人员在从事造价计算时，依旧使用传统的人工经验积累和计算机表格存储的方式进行项目预算。但是，在实际计算过程中，对于一个项目工程来说，造价人员仅仅依靠单纯的人工进行海量数据信息的整理、分类及归纳，需要消耗大量时间精力。而基于大数据技术能够帮助造价人员快速实现数据信息的整理、分析，如何学会借助大数据技术来实现公路工程造价管理，是现阶段造价人员亟须解决的问题。

2. 造价效率低下

企业管理者想要在海量数据信息中寻找有效的造价数据信息，是非常困难的事情。这是因为公路工程造价信息化发展还处于初级阶段，企业造价管理的效率还比较低下。

3. 信息共享不到位

信息共享能够帮助建筑企业各部门很好地实现项目数据信息的传递，实现各个部门的交流。而交易信息能够给信息的生产者和使用者带来巨大的经济效益。目前，我国公路工程造价市场中的信息数据的不对称性直接影响信息数据的传递，导致建筑企业无法及时掌握重要数据信息，这种问题直接影响企业的可持续发展，导致行业信息传递存在"信息孤岛"现象。

（四）大数据下公路工程造价管理对策

1. 构建统一数据标准

随着大数据时代的来临，公路工程造价管理人员应尽快从传统造价模式中走出来，朝着高端科学管理方向发展。为了保障公路工程造价工作的顺利进行，我国需要基于行业标准，制定出全国统一工程造价信息数据库，借助大数据技术深入挖掘数据信息隐藏的价值，以便满足我国公路工程造价管理行业的需求。另外，借助大数据库构建的统一造价数据标准，可以对不同地区的公路施工项目管理数据进行全面分析，能够帮助企业合理制定出公路工程造价预算，降低公路工程造价管理成本，提高造价管理质量和效率，在一定程度上促进我国公路工程项目的稳定发展。

2. 构建国家层面和企业层面的工程造价数据管控平台

现阶段，我国不同地区制定出的造价规定之间存在差异性，制定标准不统一等问题，导致造价数据信息无法实现良好的互通管理。首先，政府部门应该出面组建关于大数据技术的造价管理数据信息库，并设置专门的管理人员对公路工程造价信息和指标等数据进行更新，以便企业能够根据相关信息制定出科学合理的项目投资决策，提高项目管控能力，避免出现暗箱操作问题，导致不公平现象出现。其次，公路工程造价部门需要理清数据之间的关系，对公路工程造价管理的每个步骤进行梳理，结合造价行业规范标准构建出完善的计价统计和管理体系，实现对数据信息的整理、存储和互通。

3. 提高造价人才的大数据思维能力

因为公路工程建设过程中，涉及的数据信息数量非常庞大，且这些数据之间相互独立，造价人员在分析整理的过程中管理难度非常大，这在一定程度上阻碍了我国公路工程造价管理的发展。造价人员需要积极学习先进的数据挖掘知识，不断学习先进的造价知识和相关技能，提升自己的造价技能，紧跟时代发展潮流，掌握云计算技术、物联网技术、数据挖掘技术等，这些新技术的掌握能够帮助造价人员提升公路工程造价管理的质量和效率，能够在公路工程造价管理中进行准确的预算，降低计算错误发生的概率，提高计算效率。同时，企业也需要进行造价管理模式的改革，形成大数据思维，在造价管理过程中，基于工程造价信息数据的变化趋势，对项目的造价成本实施动态管控，在一定程度上提高了企业的造价管理能力，实现企业的健康发展。

4. 挖掘大数据，实现数据共享管理

现阶段，我国管理数据信息都是纸质版本，在寻找相关资料的过程中非常不容易。加上各部门单位之间信息交流沟通较为封闭，导致相关信息寻找起来非常不便。为了解决这个问题，政府部门应该构建公路工程造价管理数据库，结合工程造价相关管理信息数据制定出统一的造价管理标准，能够借助数据库快速、有效地寻找出相关造价信息。

（五）大数据下公路工程造价管理创新

1. 企业成本控制创新

对于公路工程项目来说，在施工阶段往往会消耗大量的人力、物力、财力等资源，如果施工单位不制定出科学的管理制度，就可能导致项目出现返工、施工进度被延长等问题，进而提高施工成本，给公路工程造价管理工作的顺利开展造成一定的困难。但是，随着数据信息时代的到来，施工单位可以借助信息技术和数据库及系统软件等工具来实现项目工程造价的信息化管理。借助大数据系统可以对施工现场涉及的物料、机械设备、人工等数据进行统计和全方位分析，有效地提高了企业工程造价管理的质量和效率。

2. 投资控制创新

随着信息化技术的不断提升，大数据技术下的造价管理发生了巨大的变化。借助大数据能够直接对公路工程项目的投资决策、设计、招投标、施工、竣工等阶段中涉及的所有数据信息进行整理和分析。建筑企业可以详细了解项目各项成本的组成，通过大数据分析项目投资的可行性。

3. 企业定额编制创新

大数据是基于互联网来实现数据信息管理的。建筑企业在大数据背景下，其建设成本处于相对公开、透明的地步。企业想要在激烈的市场竞争中占据优势，就需要加强自身成本核算管理，不断提升造价人员的专业能力，才能结合企业实际情况和市场数据制定出企业定额，帮助企业做好项目的造价管理，实现企业的可持续发展。

第二节　建设前期工程造价确定方法及技术应用

一、投资决策阶段工程造价的确定

投资决策阶段的主要内容包括投资机会研究、项目建议书、可行性研究、项目评估和决策等内容，由于这些工作都是发生在投资之前运用现代工程学、经济学和管理学理论，采用市场调查、实际了解等技术手段，掌握大量信息资源的基础上一步一步进行的深入研究，从而为最终项目的报批或决策提供依据。高速公路项目由于建设规模庞大，涉及专业领域众多，内容标准日益复杂，技术手段日新月异，其投资前研究工作的质量将直接影响到项目的成败。作为项目决策的重要依据之一，投资估算的准确与否不仅影响到建设前期项目在经济、技术、财务、组织管理等多方面的投资决策，而且也直接关系到后面设计概算、施工图预算的正确编制及项目建设期造价的有效管理与控制。可以说，投资决策阶段的公路工程造价控制具有先决性和指导作用。

高速公路建设在投资决策阶段最为重要的两个环节分别是项目建议书阶段（初步可行性研究）和可行性研究阶段。其中项目建议书阶段的投资估算以指标估算法为主，此外也可以采用类比方法对比分析；可行性研究阶段的投资估算以逐项估算法为主。建议书阶段主要是为项目可行性进行初步判断，主要研究项目投资的必要性，而可行性研究则是从技术、经济、工程等方面进行调查研究和比较分析，并对项目建成以后可能取得的财务、经济效益及社会环境影响进行预测，从而提出该项目是否值得投资和如何进行建设，为项目决策提供依据的一种综合性的系统分析方法，因此，高速公路建设项目的可行性研究具有预见性、公正性、可靠性和科学性的特点，成为高速公路建设报批的第一要件。

投资估算的编制单位必须严格按照设计任务书规定的编制深度，优选建设方案，熟悉设计意图，进行人工和材料实物量的分析计算，经有资质的造价咨询单位提出评估意见后由投资主管部门审查审批。在估算编制中要求既要防止漏项少算，又要防止高估多算，达到全面、准确、合理的目标，使投资估算真正起到控制总价的作用。

（一）主要管理手段

应从转变观念入手，意识到此阶段的投资估算的重要性，投资估算是公路项目决策的重要依据之一，各有关单位的人员都要从国家、社会的利益出发，让每一分钱都花到实处。

加强此阶段的控制力度，保证各阶段紧密联系，按照先后顺序逐步深化，无特殊情况不能有太多偏差，设计任务书一经批准，其投资估算与工程造价的误差应小于20%，不得任意突破，只有保证投资估算的质量，才能避免决策失误。

要全面掌握公路项目所在地的各种有关资料，注意与国家和地区整体的规划发展目标相协调，合理确定路线走向和技术等级标准，做到多方案比较，为以后的工作打下良好的基础，可行性研究阶段的投资估算是在项目建议书阶段的投资估算之后，初步设计概算之前，可行性研究阶段的投资估算既要注意与项目建议书阶段的投资估算衔接、补充其未考虑的因素，又要做好与初步设计概算的接口工作，将可能引起问题的不确定因素加深研究，避免下一阶段产生大的设计变更。

充分考虑市场经济等因素，定期公布材料的市场指导价格，恢复建设期间材料价格上涨预备费，使投资基本上符合实际需要，为以后合同文件中价差调整留有余地。

（二）人工神经网络法确定工程造价的方法

对于项目投资决策阶段，要确定合理的造价，就应当对影响造价的因素进行客观、全面的调查。但是这些影响因素与投资额的关系很难用一般函数关系来表示，近年来出现了多种用于快速确定工程造价的方法，主要有数理统计法、经验公式法、模糊数学法、灰色理论、自适应过滤技术及人工神经网络法。人工神经网络模型以其通用性、适应性强而见长，它不排斥新样本；相反，它会随着样本数的不断增加而提高自身的概括能力和预测能力。公路工程造价因受到多方因素影响，构成相对复杂，其内涵、外延具有较大的模糊性和不确定性。对于有经验的造价工程师而言能根据以前类似条件下公路工程的特征对新工程进行预测。这种结构上和工程特征相似的特点就是采用人工网络技术的基础。

1. BP（Back-Propagation）学习算法

单层网络只能解决线性可分问题，解决较复杂的非线性函数问题的唯一方法是采用多层网络，即在输入及输出层之间加上隐层构成多层前馈网络。在这种网络中，各神经元接受前一层的输入，并输出给下一层，没有反馈，故称之为前馈网络。它由输入层、中间层（或隐层）和输出层组成，中间层可有若干层。多层前馈网络中每个神经元的激活函数都是可微的 Sigmoid 函数。

多层前馈神经网络具有独特的学习算法，该学习算法就是著名的 BP 算法，即误差反向传播算法，故把采用这种算法进行误差校正的多层前馈网络称为 BP 网。BP 学习过程可以描述如下：①工作信号正向传播：输入信号从输入层经隐层，传向输出层，在输出端产生输出信号，这是工作信号的正向传播。在信号的向前传递过程中网络的权值是固定不变的，每一层神经元的状态只影响下一层神经元的状态。如果在输出层不能得到期望的输出，则转入误差信号反向传播。②误差信号反向传播：网络的实际输出与期望输出之间的差值即为误差信号，误差信号由输出端开始逐层向前传播，这是误差信号的反向传播。在误差信号反向传播的过程中，网络的权值由误差反馈进行调节。通过权值的不断修正使网络的实际输出更接近期望输出。但是神经网络训练需要很长时间，迭代次数往往上千次、上万次，有时甚至落入局部最优，不能达到整体最优的情况。另外，神经网络的初始连接及网络结构选择缺乏依据，具有很大随机性，因此经常采用动量法和自适应调整学习率以解决计算中的预测问题。

2. 项目建议书阶段造价预测的神经网络模型

（1）基于改进的 BP 神经网络的项目建议书阶段公路工程造价预测模型结构

理论上早已证明，具有偏差和至少一个 Sigmoid 型隐含层加上一个线性输出层的网络，能够逼近任何的有理函数。同时，神经网络的研究工作者对 BP 网的研究发现，BP 网络可在任意希望的精度上实现任意连续的函数。因此，选用三层 BP 神经网络来预测工程造价，即 1 个输入层、1 个隐含层、1 个输出层。在综合考虑公路工程造价主要相关影响因素的条件下，将建设成本、运营成本、社会效益、公路建设技术等级、地区经济发展水平、路网状况、项目建设期限、地理自然条件、材料来源 9 个影响因素作为输入层，输入层结点单元数为 9。输出层的 1 个节点为公路工程造价。隐含层单元数目的选择目前尚无理论依据，在兼顾网络学习能力和学习速度的基础上，采用试算法确定，经过仿真试验后选用一个合适的数目。初始权值采用计算机随机数而确定，因而学习效果每次不尽相同。经过数次仿真试验学习速率选用 0.1，冲量项系数选用 0.9。

（2）预测模型的实现及构成

利用改进的 BP 神经网络预测公路工程造价分为三大步骤：第一步为训练样本的准备和归一化；第二步为神经网络的训练；第三步为利用训练后的神经网络对公路工程造价进行预测。

由于公路工程造价数值较大，应对其进行一定的预处理，可以采用极值化、等差变换或等比变换。通过这些变化可以有效地缩短神经网络的训练时间，从而加快网络的收敛速度。同时由于 BP 网络节点的输出值的区间为 (0，1)，因此本研究对所训练的样本对输入/输出值进行处理，这里采用等差变换加等比变换的方法，即对样本对的输入/输出值先加一常数，再除以一常数，使 BP 网的输入/输出值限制在区间(0，1)之间，然后再输入网络进行计算。对于输入层中公路建设技术等级、路网状况、地理自然条件、材料来源等四个指标，不像其他 5 个指标可以直接用数量指标表征，那么就应当人为将其数量化，根据公路建设技术等级不同，分成若干类，每一类赋予一定值，这样技术等级相同的公路数值就是一样的。类似地，对于路网状况、地理自然条件和材料来源这三个指标也采取这种赋值方法。公路工程造价预测采用计算机编程实现，共由四个模块构成，分别是样本录入与预处理模块、样本训练模块、预测模块和误差分析模块。

3. 可行性研究阶段造价预测的神经网络模型

在此阶段进行造价确定，仍然选择人工神经网络预测方法。其程序与项目建议书阶段是基本相同的，但也略有差别。区别在于：在可行性研究阶段造价控制的输入与项目建议书阶段有所不同，由于研究深度更进一步，所以在项目建议书阶段用到的 9 个输入指标的数据可能会有变动，并且可行性研究阶段的造价控制还要受到项目建议书阶段造价预测值的影响。因此，在此阶段建立人工神经网络进行造价控制的时候，除了考虑上述 9 个输入指标外，还应当将项目建议书阶段的造价预测值作为输入项考虑到模型中，建立一个 3 层人工神经网络结构，其中输入层 10 个神经元，输出层 1 个神经元，而隐层神经元的个数仍然靠试算得到。在建立起网络模型后，仍然采用基于改进的 BP 神经网络算法对此阶段的造价进行预测。

二、设计阶段工程造价的确定

（一）主要管理手段

1. 加强设计审查管理

进行国内公路工程设计审查时，加强对涉及公共利益及公共安全的审查，工程项目的投资应随设计方案的变化进行相应的调整，并实行动态的跟踪管理，以保证在施工阶段项目投资不突破最高限额。

2. 规范设计招投标制度

设计方案评标中要把工程造价指标的控制作为重要评价依据，增强设计人员竞争意识，使"功能良好、造价合理、施工方便"的设计方案胜出。利用设计招投标制度打破地区、部门、行业之间的封锁状态，形成统一开放的建筑设计市场，使工程造价在设计这一关键阶段得到有效的控制。

3. 建立设计监理制度

建设主管部门应加强工程设计的审查力度，对设计成果进行全面审查，通过行政手段推广标准规范、标准设计、公布合理的技术经济指标及考核指标，为优化设计奠定基础。尤其是创造推行设计阶段的监理制度的条件：一方面应尽快建立设计监理单位资质的审批条件，加强设计监理人才的培训考核和注册，制定设计监理工作的职责、收费标准等；另一方面要通过行政手段来保证设计监理的广度，为设计监理的社会化提供条件。

4. 推行设计-建设总承包制度

我国的工程建设长期以来一直都是设计与施工截然分开，设计、施工的承包各自独立地进行。这种模式最大的问题就是公路工程造价的合理确定与有效控制由两个不同责任主体实施，缺乏在一个主体下的有效控制，协调成本高，难以发挥设计的主导作用。设计与施工脱节，不可避免地易于造成施工的返工，从而提高了造价。采用设计-建造联合承包体的形成，有利于设计承包商从设计、施工全过程和整体上考虑和处理工程问题；有利于更加充分地考虑设备、材料采购及现场施工安装的要求；有利于主动进行设计方案的优化，能更好地配合设备、材料采购和施工；能调动承包商的积极性，在确保项目产品功能和质量的前提下，对整个工程的造价进行有效的控制。

5. 采取设计控制投资措施

（1）优化设计

通过优化设计来控制投资是一个综合性问题，既不能片面地强调节约投资，使项目达不到功能的倾向，又要反对设计过于保守的现象。设计人员应用价值工程的原理来进行设计方案分析，以提高价值为目标，以功能分析为核心，从而真正达到优化设计效果。

（2）标准化设计

标准化设计是指采用经国家或行业部门批准的建筑、结构和构件等整套标准技术文件、图纸。一般来说，通过多年大量工程实践，总结工程特点而形成的成熟设计方案，实施标准化设计可以加快设计进度，缩短设计周期，节省设计费用，同时有利于保证工程质量，降低工程费用。

（3）限额设计

限额设计就是指在设计中将总体造价严格控制在相应投资范围内，各专业设计时，在保证满足使用功能的前提下，按分配的投资限额进行分步控制。限额设计在方案比较、设计优化、设备造型和工艺改善工作中是切实可行的，是国内外控制投资普遍采用的有效途径，在我国目前农村公路建设中也是一项十分有效的制度安排。

（二）价值工程原理确定工程造价的方法

1. 价值工程的基本理论

（1）价值工程的基本概念

价值工程是运用集体智慧和通过有组织的活动，着重对产品进行功能分析，使之以最低的总成本，可靠地实现产品必要的功能，从而提高产品价值的一套科学的技术经济分析方法。价值工程中的"价值"是功能和实现这一功能所耗费用（成本）的比值。其表达式如下：

$$V = F/C \qquad\qquad （式5-1）$$

式中：V——价值系数；

F——功能系数；

C——成本系数。

（2）价值工程的特点

价值工程以提高产品价值为目的，用最低的寿命周期成本实现必要的功能，通过对功能的系统分析，找出存在的问题，提出更好的办法来实现功能，从而达到降低成本的目的，而不是单纯降低费用。这种以功能分析为核心，采取相应措施降低成本的方法是建立在可靠的依据之上的，因而在实践中更加可靠、有效。

（3）提高价值的途径

从价值工程的表达式可以看出，提高价值的途径有以下五种情况：

功能不变，用降低成本的方法提高价值：$V\uparrow=F/C\downarrow$

成本不变，用提高功能的方法提高价值：$V\uparrow=F\uparrow/C$

既提高功能又降低成本，这是提高价值的最佳方法：$V\uparrow=F\uparrow/C\downarrow$

小幅度提高成本，大幅度提高功能的方法来提高价值：$V\uparrow=F\uparrow\uparrow/C\uparrow$

小幅度降低功能，大幅度降低成本的方法来提高价值：$V\uparrow=F\downarrow/C\downarrow\downarrow$

2. 价值工程在公路工程造价控制中的应用

由于工程造价与选择的技术方案密切相关，所以对造价的合理确定问题本质成为如何选择最优的设计方案问题。我国目前对于设计阶段的方案比选明显重视不够，一般凭从上到下的指定方案或仅靠专家的主观评定来确定，缺乏论证分析，因而无法判断所选择的方案是否最优，也就不能从根本上合理确定工程造价。因此，寻找确定科学、合理的工程方案成了设计阶段方案比选和投资控制的关键技术。

在公路工程的设计阶段，提出几种可能的技术方案，通过比较决定最佳设计方案。同一个建设项目，同一单项、单位工程，可以有不同的设计方案，这就会有不同的造价，可用价值工程进行方案的选择。在设计阶段运用价值工程控制造价，并不是片面地认为工程造价越低越好，而应把工程的功能和造价两方面综合分析研究。只有价值系数最大，即满足必要功能的费用，消除不必要功能的费用，才是价值功能要求的，实际上也就是工程造价控制本身的要求。在确定了需要改进的分部分项工程后，就要对其提出改进方案。在提出的方案中应确定一个最优方案，即方案的优化选择问题。其结构模型步骤为：首先要确定所要解决问题的目标范围、影响因素及各因素的相互关系等，然后根据目标，将涉及的各影响因素和隶属关系层次化。最高层即目标层一般为一个元素，它是解决问题的目标；中间层即准则层是实现目标所要满足的要求和条件；最下层即方案层是实现目标的具体方案。

在此基础上即可运用价值工程进行判断，即通过对分部分项工程的功能分析，一方面找出目前成本过高的功能，另一方面找出过剩功能，并将功能和投资两方面进行综合分析，选择投资相对较低，功能相对较高的方案，从而提高公路产品价值的一套科学的技术经济分析方法。

三、公路工程造价管理信息系统应用

通过前面对国外一些国家和地区在工程造价前期的研究可以看出，公路建设前期准备阶段主要包括投资决策和设计两个主要阶段，这两个阶段对应着工程造价的估算、概算、预算都是建立在概预算定额体系上的，属于计划造价形成期，也就是"纸上谈兵"阶段，根据这两个阶段面临共同的核心问题是如何合理地确定工程造价。目前，各地公路造价管理部门和其他相关部门积累了大量的公路造价资料，但能够合理地存储、整理、分析和应用的工作却做得不够，这就导致资源和信息的闲置，甚至是浪费，因此，通过计算机对造价资料的存储和分析，可方便用户将已完工的公路项目的造价信息应用到其他公路项目造价的管理和控制中，为公路工程造价工作提供服务。该管理信息系统是一个解决公路工程造价资料的存储、分类、查询、分析及新工程造价的预测的综合数据库。系统的最终目的是建立完善的造价资料存储和对比分析，模拟计算估算总价，并且争取做到比较精确的预测，为高速公路工程造价提供高效率、现代化管理手段。

（一）公路工程造价管理信息系统总体设计

1. 系统目标设计

公路工程造价管理信息系统设计开发的主要目标是：针对当前公路工程造价工作仍然停滞在静态、人工造价的现实背景下，充分利用已完工程的估算、概算、预算、决算造价信息，通过对历史公路工程造价信息资料的整理，采用必要的技术手段为新公路工程造价的确定提供重要参考，从而进一步提高公路工程造价决策和设计阶段的合理性、准确性、科学性。其具体目标主要包括以下几方面：

收集大量已批复公路工程估算、概算、预算、决算的造价信息，构建历史公路工程造价数据库，从而通过较为成熟的计算机数据库技术实现对历史公路工程造价数据的查询比较。

通过对历史公路工程造价数据库的规范化及其具体项目节的标准化处理，构建标准公路工程造价数据库，成为公路工程造价分析、预测的基础。

利用数理统计原理对标准公路工程造价数据库中大量造价数据进行统计分析，查找规律，利用不同数学模型实现对工程量的统计分析，材料价格的分类统计，技术经济指标的预测分析，从而使得公路工程造价更具有客观性，为新公路工程造价提供参考信息和决策依据。

2. 系统功能结构设计

信息管理系统从功能上划分为四个模块，即输入/输出模块、查询模块、分析处理模块、造价预测模块。

任何一个软件系统，输入/输出功能都是必需的，并且输入/输出功能的好坏直接关系到软件的成功与否。因此，在本系统中，输入数据的方式主要有三种：直接输入、电子表格文件和文本文件。输出数据的方式主要有四种类型：直接屏幕和打印机输出、电子表格文件、文本文件和图形。

查询模块属于基本功能设计，主要根据一些关键词对公路工程造价数据库中数据进行检索、查询。

分析处理模块利用历史工程数据进行材料、数量指数生成和插补。

造价预测模块根据标准化项目节表与指数库实现工程造价预测。

3. 系统数据流程设计

计算机信息系统数据流一般都是信息系统开发思想的核心体现，设计系统开发中数据调用与处理机制是实现公路工程造价预测的关键技术。本系统的数据流程设计主要基于主要材料季度价格外部数据、历史工程材料价格数据和历史工程项目金额数量数据等生成材料价格数据及其预测、工程项目节经济技术指标预测、公路工程数量预测等造价基本分析数据，从而实现对指定工程造价预测功能。在公路工程造价预测中相似工程的判断是进行预测的前提条件，价格指数的编制是实现公路工程造价的必要条件，而项目节工程量的预测和经济技术指标预测是我们进行准确预测的两大关键指标。

（二）公路工程造价管理信息系统关键技术

该系统研究核心功能是实现公路工程的造价的预测（估算、概算和预算），从而为工程投资决策、设计审查等前期重要环节提供直观参考，我们直接利用历史工程的数据进行预测，解决以下核心问题和关键技术：

1. 项目节数据结构标准化处理

由于历史工程造价预测中项目节名称并不统一，必然给历史工程信息的利用和分析带来困难，因此该系统首先要解决项目节结构的标准化处理问题，其基本原理如下。

2. 历史工程项目节费用可比性处理

每一个历史工程的公里长度不一定相同，使得每一个工程相同的项目节费用不具有可比性。只有项目节单位金额（经济技术指标）才具有可比性，这样，依据经济技术指标进行预测具有可行性。

对于导入历史工程可能由于工程造价数据表建立过程中的操作失误造成工程数据表结构、项目节数据出现过度偏差，数据审核功能主要是针对数据表结构按照标准（标准的项目节表）结构、项目节数据出现过度偏差进行的审核。

对于与标准项目节表结构（位置、项目节单位等）不一致的历史工程数据的审核，是通过导入工程数据结构与标准项目节数据结构比较，根据比较不一致情况提出预报，并提示修改功能。其目的是保证导入工程数据结构与标准项目节表结构一致，从而保证导入项目数据的有效性。

对于项目节数据出现过度偏差情况，系统针对具体的项目节经济技术指标、数量指标提出可疑预报，用户可以进一步确认或者修改等，其目的是保证所有导入工程数据的可信性，进而提高造价预测的可靠性。

3. 历史工程金额指数处理

由于历史工程是在不同时期完成的，价格变动因素使得历史工程金额不具有可比较性，因此，其项目节的单位金额也需要考虑价格变动因素，要实现公路工程的预测还需要考虑价格因素。材料的价格变动对经济技术指标的影响应当进行定量分析，即数量指标变化是定量分析的基础。材料价格指数生成的是以季度为最小单位，即生成季度材料价格指数。

4. 工程数量变动预测

相似工程单位公里项目节量的预测，是通过预测相似工程单位公里项目节数量指数，通过研究单位公里项目节数量指数的变化特征，进而进行预测实现其数量指数的预测，从而实现相似工程单位公里项目节量的预测。相似工程单位公里项目节数量在相似工程中其变化不大，但是随着时间的推移，由于技术手段的改进，其相似工程单位公里项目节数量发生明显的变化。比如，历史工程中，同样是相似工程，但是越接近当前时间，随着施工手段的改进，人工土方单位公里数量在逐步减少，而机械土方的数量则在增加。因此，需要通过模型预测项目节单位公里的量的指数变化。由于技术手段在不断改良和进步，这些项目节单位公里量的变化体现为单调增加或者减少，根据模型应用特点选择一次指数平滑法更适合对相似工程项目节单位公里量的预测，该方法对于明显趋势的数列变化预测精度更高，能够准确预测项目节单位公里量的变化。因此，相似工程单位公里项目节数量指数的预测采用一次指数平滑法。

（三）公路工程造价管理信息系统应用前景

公路工程造价管理信息系统的总体设计达到了充分利用以往历史数据进行查询和预测的基本要求，同时为解决一些关键技术，在理论方法和应用技术方面进行了一些突破性的创新研究，归纳起来主要表现在以下几方面：

1. 建立了公路工程造价数据库中标准化的项目节表

在历史公路工程造价中，项目节缺乏统一的设计标准，尤其在节和分项上不同工程设计的名称和编码具有随意性，这给历史工程造价数据信息的比较和综合运用带来了困难，在公路工程造价管理信息系统研究中设计了公路工程项目节标准化的结构表，并采用了标准的设计编码。这样的方法解决了公路工程造价管理中造价设计的标准化，并针对历史工程造价数据信息不规范的实际情况，设计开发了项目节匹配功能及数据合并功能，为了使得该系统的可扩展性，系统允许维护人员对标准项目节表进行扩展，有效地解决了公路工程造价过程中的标准化问题，为估算、概算、预算各类不同公路工程造价数据提供了统一的标准。

2. 技术经济指标预测方法的综合运用

公路工程造价管理信息系统对于造价预测的主要依据之一，是根据历史工程信息对新工程经济技术指标的预测，本系统采用回归法和迭代法对新工程经济技术指标进行预测，并把两种方法综合运用。一般理论文献中，把回归法作为主要方法加以运用，但是回归法中需要通过主要影响材料价格建立回归方程进行预测，存在部分项目节主要材料影响并不显著或者影响材料过多等问题，这必然给回归方程估计带来影响，预测结果的精度也受到较大影响。因此，系统对不能提供主要影响材料或者主要影响材料过多等情况下采用迭代算法，该方法对于项目节经济技术指标通过历史数据的迭代实现预测，有效地弥补了上述问题的缺陷，使项目节经济技术指标预测更加准确和可靠。

3. 单位公里项目节工程数量变化及其预测

一般认为单位公里项目节工程量在相似工程中是不变的常数，该认识没有考虑技术进步对项目节工程量变化的影响。比如，单位公里的人工土方和机械土方数量即使相似工程在不同时期也会发生变化，这主要是随着时间推移和技术进步，人工土方数量逐步在减少，而机械土方数量在逐步增加，这是因为技术进步给施工方法带来变化从而影响了部分项目节工程量的变化，因此，系统对项目节单位公里工程量通过一次指数平滑法进行了预测，从而考虑不同时期单位公里项目节工程量因技术变化产生的影响。当然，对于单位公里数量不发生变化的项目节通过该方法预测不会产生影响，保证了这部分项目节数量预测的准确性。

4. 不同数据源的材料价格指数的综合运用

材料价格指数的变化对工程造价具有十分重要的影响，系统计算了材料价格指数，并根据材料价格指数的变化特征通过模型进行预测。不同工程通过"人工、材料、接卸"提供了材料的价格信息，这些信息无疑准确地反映了过去历史时期材料采购的实际情况，信息计算的材料价格指数存在严重缺陷，即其间相邻的工程中间季度的价格指数靠插值法解决，这必然给描述材料价格指数特征产生影响。因此，系统通过公路造价管理机构公布的材料季度价格计算相邻期间各季度材料价格指数，保证了历史工程材料价格和公路造价管理部门公布的材料价格信息的综合运用，从而保证了材料价格指数特征描述的准确性，为准确预测材料价格指数提供充分依据。

5. 系统智能化多个造价预测模型选择的运用

造价预测模型采用多个模型选择和系统智能化选择方式，为操作者根据造价工程特点选择最合适的模型提供了可能，同时系统智能化选择也为操作者准确预测提供方便。系统根据定量分析的方法为系统提供了智能化选择模型的接口，实现了系统对用户友好的特性，保证系统应用的广泛性。

6. 系统开发中模型算法调用 Excel 函数实现，保证算法的优良性和结果准确性

众所周知，模型算法的编程不是一件容易的事情，要保证算法的优良性是相当困难的问题，一方面编程复杂，工作量大；另一方面算法的可靠性很难保证，计算结果可信度不高。因此，为了保证模型算法的优良性和计算结果的准确性，系统开发中通过调用 Excel 统计函数直接实现模型参数的估计，保证模型中参数估计的准确性，从而保证预测结果的可靠性。

7. 造价管理信息系统数据资源网络共享技术

一个优良的系统就是应用范围广泛和应用者之间资源的共享，该系统通过区域网络方式，实现了具有权限的用户对系统数据资源的建立和共享功能，从而保证了系统数据库资源的丰富性，也为公路工程造价准确预测提供了丰富的数据资源。具有不同用户权限的使用者可以对系统不同功能进行访问和操作，从而保证了系统数据资源的安全性和权威性。

该系统开发也存在一些不足，由于对于以前非标准化数据的利用还需要做大量的数据整理工作，目前系统数据库中数据量不足，对造价预测的精度产生影响，也对估算、概算和预算全面实现带来困难；桥梁和隧道工程标准项目节表的建立也需要充分的论证和讨论，在有限的时间内还不能完全建立桥梁和隧道工程造价预测功能；由于时间限制和数据资源的影响，系统信息管理功能还不能做深入和全面的管理，有待于未来做进一步开发。尽管该系统存在一些不足和缺陷，但是通过新工程基本属性实现对其造价进行预测功能及对造价理论研究，并且这些理论实现已经达到了预期的研究设想和目的，为公路工程造价合理确定进行了前瞻性工作。

第三节　实施阶段工程造价控制模式分析

一、招投标阶段工程造价控制分析

（一）阶段特点

从招投标阶段开始公路工程造价从之前按照概预算定额体系的模式下开始进入工程量清单体系模式，这时定额为基础的造价确定模式已经结束，而工程量清单则成为参与市场竞争的基本平台，在这个基础上各方根据自身经济、技术、管理、人才等优势及对市场的研判进行竞争性投标报价，并以此为基础签订合同，并明确各自施工中的市场风险、价格

调整、设计变更等方面的权利责任。其基本特点是严格按照一系列法律法规程序并遵循市场化竞争规则进行。目前我国已经建立了以《中华人民共和国招标投标法》为根本的一系列法律法规体系，成为实施公路招标的规范性文件。初步设计概算文件已经审批，被列入国家或地方公路建设计划，业主已办理项目建设许可手续，资金到位且能保证连续施工的公路建设项目可进入施工招标阶段。公路工程招投标阶段的造价控制主要体现在三个环节：一是招标程序公开公正，二是评标方法科学有效，三是签订合同公平合理。

（二）主要控制环节

1. 招标程序

高速公路招投标一直被认为是腐败的高发区，更多是因为没有严格按照国家、行业有关制度进行，在这方面目前只能从加强法律、行政等手段入手，同时通过高速公路建设市场的不断成熟逐步解决。由于对公路工程施工招投标加以经济分析、公开招标，有利于施工中提高资源的利用效率，却会影响市场的交易效率，延长交易时间，增大交易成本。因此，为了减少这部分损失，可采取限制投标单位数量的邀请招标方式，使公路工程在一种有序的硬件环境下进入市场，以此来降低低于成本价中标的概率，作为整个招投标阶段造价控制的大前提。邀请招标虽然在一定程度上限制了竞争，却提高了交易效率，减少了交易成本。高速公路项目各项工程的投标单位控制在 5~8 家的邀请招标是有效的。

2. 评标方法

为了有效控制工程造价，必须采取合适的评标办法使所选定的施工单位是最适合、报价最合理的承包商。目前我国大部分高速公路项目在决定中标与否的关键报价评比环节上采用的都是合理低价法，而未采用最低评标价法。虽然合理低价评标法相对于其他评标方法与工程量清单计价很适应，但其缺点也十分明显，不能充分发挥招投标这个完全市场化定价的机制，将按照定额这个社会平均水平确定的工程造价中水分完全挤干。因此，最低价中标法将是招标发展的必然趋势，投标报价低于个别成本的限制条件将逐渐淡化直到取消，评标委员可不对所报价格的合理性进行分析，报价完全由市场决定，报价最低的投标书应被评为"财务报价最有利者"，此标书就会被业主认可。这种趋势也是市场经济成熟的一个重要标志。

随着我国市场经济体制的逐步完善及各项法律规章制度的健全，从合理低价中标到低价中标将成为工程招标发展的必然趋势，同时也是有效降低公路工程造价的一个重要措施，但根据现阶段经济社会发展水平，实行最低价中标应采取以下保证措施。

①完善招投标法规制度，建立成熟建设市场环境（制度安排上）。只有从制度上保证低价中标的合法性，投标企业才会最大限度地提高自身技术水平和管理能力以降低成本，

并充分发挥市场经济优胜劣汰的基本原则，标价不合理的投标企业会被淘汰出局。同时为了不致出现亏损，施工企业自然会逐步编制适合自身水平的企业定额，走上信息化、专业化的道路。

②严格执行合同文件，推行工程担保制度（经济手段上）。由于目前我国建设市场的不成熟，许多低价中标的企业采取先中标，后变更的方法，这也是许多项目，尤其是我国高速公路工期一般都比较紧，业主不敢采用低价中标的原因。我国现阶段的银行贷款担保是一项具有重要借鉴意义实现规避风险的经济手段，通过第三人用经济责任关系规范制约了工程业主与承包商的经济利益关系。推行工程担保制度，要求承包商向业主提供银行履约保函或寻找有担保条件的担保单位进行工程担保，担保单位对工程中出现的问题与承包商一起承担连带责任。一旦承包商在施工过程中违约，则担保方将对工程业主的损失进行补偿，担保方的损失将向承包商求偿，而且承包商的信誉从此有了污点，最终是承包商自己害了自己。

③完善质量保证体系，推行质量终身负责制（措施保证上）。根据质量与费用的辩证关系，相对高质量的建筑产品必然要求相对高的费用。如果中标价太低，中标单位为减少损失，往往采取偷工减料，以次充好等手段，为工程质量、安全埋下隐患。因此，在工程实施阶段采用最低价中标，建立完善的"政府监督、业主负责、监理抽检、企业自检"的质量保证体系就尤为重要，同时推行工程质量终身负责制，使各建设责任主体都要对工程质量在合理使用年限内负责，强化工程质量管理的监督制约机制，有效地避免质量事故的发生。

3. 签订合同

在签订合同时需要确定清单报价单价体系的合理性。工程量清单项目是一个综合实体，一个清单子目所表示的单价是综合单价，可能包含几个子目，在签订合同时应根据工程的具体实际情况，分析评价综合单价各组成部分的合理性，对于单价组成不合理的项目，在确定中标候选人进行合同谈判时加以明确，避免在实施阶段扯皮而增加工程费用。

二、施工阶段工程造价控制分析

（一）阶段特点及影响因素

施工阶段是公路工程产品的形成过程，是工程造价转化为实物消耗的时期，也是施工单位预计效益形成的关键阶段和直接体现工程造价的时期。因此，施工阶段的工程造价控制比其他各阶段都更有实际意义，需要采用合理的控制方法和措施，在保证工程建设任务的前提下，将造价控制在最低限度。施工阶段对工程造价的影响因素主要有八方面，分别是工程施工原始材料调查、施工组织设计、施工方案、施工顺序、施工现场平面布置、材料采购运输、质量和安全、工期。

（二）主要控制措施和方法

施工阶段主要体现的是工程造价的第二种含义即建筑工程价格或合同价，因此，尽管此阶段涉及工程费用的因素较多，但根据工程整体进度对工程投资影响的相关性可知，由于有合同约束，从政府和业主角度出发只要严格执行合同文件、把好工程变更环节，剩下的造价控制的责任由承包方承担，而由于施工阶段工程造价的控制与不同工程类别具有较大相关性，总体而言，施工方应从以下四方面重点做好造价控制，以节约成本。

优化施工组织设计降低工程造价。施工组织设计是用以指导施工准备乃至施工全过程的技术经济文件，其内容视工程的性质、规模、结构、施工复杂程度、工期要求和建设地区的自然经济条件不同而不同，一份好的施工组织设计能指导项目部合理利用人力、物力、财力，以最低投入满足合同要求。施工阶段的施工组织设计编制对工程造价的影响至关重要，采用的施工方案不同，所需的费用也不同，甚至相差很大。因此，在施工前应组织技术、质量、施工、机械、材料、劳力等相关人员进行现场情况调查，编制实时性施工组织设计。结合工程项目的性质和规模、工期的长短、工人的数量、机械装备程度、材料供应情况、构件生产情况、运输条件、地质、气候条件等各项具体的技术经济条件，选择经济效果最优的可行方案，并对施工组织设计、施工方案、施工进度计划进行优化，使所选择的方案更趋合理。根据实际情况安排各项单位工程的施工工期，尽可能组织流水施工，使建设工作分期分批进行，不致过分集中，避免了劳动力、机械材料的大进大出，保证了建设按计划、有节奏地进行，有效地削减了高峰工作量。减少了临时设施；充分利用现有机械设备，在企业内部合理调度，提高机械设备的利用率，从而做到真正降低工程成本。

建立企业定额控制工程造价。建立施工企业自己的定额并有效运用是提高市场竞争力和实现企业内部工程造价有效控制的重要手段。企业定额应反映企业的真实水平，包括企业的劳动生产率、现有机械设备、技术设备能力，企业常用的施工方法或研制的科技成果及在此方法或成果下所需的工、料、机消耗量及企业管理层、作业层等比例情况。企业定额的制定过程，实际上是通过检验来调整和提高企业的生产能力和管理水平的过程。要使企业在市场经济条件下具有竞争力，企业定额必须高于社会平均先进水平。对于企业实际水平低于社会平均先进水平的定额部分应采取措施，调整和提高其水平，以满足市场竞争的需要。有了企业定额，技术经济管理就有了依据，不断修改完善，管理水平就会不断提高，其管理效益的潜力就能最大限度地被挖掘出来。另外，企业定额还可以帮助技术经济管理人员建立工、料、机的数量和价格概念，掌握施工高峰期的有关数据，预测以后工程的进展，从而有效地控制施工成本，合理地安排工程进度和恰当地进行工、料、机的调配，使企业最大限度地获得工程利润。

规范合同管理提高经济效益。合同是调整各种经济利益关系的重要依据，施工合同管理是施工企业管理的重要内容，如果在施工合同管理上出现了较为混乱的局面，或者施工企业的合同管理人员对合同业务不够熟悉、目标不明，就会造成在处理合同业务时考虑不周全、条款斟酌不仔细，不仅造成经济损失，还会影响企业的信誉。因此，加强合同管理首先应树立合同意识，不管是企业的决策层、执行层，还是合同管理人员都应重视合同管理，认真学习国家的法律和法规，掌握业务知识，在制定施工企业合同时应认真把关；其次应加强企业内部的合同管理，结合企业的实际情况，明确相关人员的责、权、利，规范企业内部合同管理；最后应实行合同会签制度、合同评议制度，合同签订后，认真进行交底，施工人员特别是现场施工管理人员应认真学习合同，明确合同规定的施工范围及甲乙双方的责任、权利和义务。随着科技的发展和建筑市场的发育，工程项目的规模日益庞大，合同条款日趋复杂，合同文件的组成内容也越来越多。因此，迫切需要借助计算机技术建立合同管理系统，如合同档案库、合同分析系统、合同网络系统、合同监督系统，及合同索赔管理系统。利用计算机合同管理体系，实现合同的订立、履行、监督和检查的系统管理，从而达到提高经济效益的目的。

加强现场过程管理，减少费用浪费。施工现场经常会发生施工干扰、设计变更、工程分包或转包等现象，造成质量低下、工程拖延，人为导致工时、原材料的浪费及工程造价的提高，这就必须加强施工现场的组织协调，发挥业主、施工、设计、监理各自的作用。因此，在工程开工前，现场管理的施工人员必须对施工、技术、经济全面了解，并且要加强工程进度管理，制订合理的资金使用计划，使造价控制与进度控制相协调。建立现场管理责任制，做好原材料、半成品、设备及隐蔽工程等的质量验收，加强施工现场的监督与控制。做到及时发现问题解决问题，少留或不留隐患。在现场常常会发生地质条件变化、设计变更、工程量增减、材料的代换等各种变化，施工现场的管理人员要认真如实地做好现场第一手资料记录；加强施工材料和机械设备的合理利用及管理。在工程施工中，要实施动态管理，把好质量关，最大限度地控制和降低成本和故障成本。同时随着科学技术和工程建设的发展，国内外出现了大量的新技术、新工艺、新材料，在可靠的实践基础上，大胆地采用新技术、新工艺、新材料，可降低工程投资，加快工程进度，提高工程质量，对降低工程造价具有特别重要的意义。

在工程施工中采取以上控制措施的同时应采取一些技术控制方法，传统方法主要有：横道图法、表格法和曲线法。这里传统方法仅仅是对成本要素进行孤立的控制，由于项目的成本与工期是密切相关的，因此，在施工过程中，对造价进行动态控制要求把成本和进度结合起来，以准确直观、科学及时地反映进度和成本控制情况，并能分析偏差、预测发展趋势。"赢得值原理"是国际上工程公司普遍采用的项目管理方法，它对项目进行效果评价分析，对费用和进度综合控制。

三、竣工决算阶段的造价控制执行

竣工决算是控制工程造价的最后一道闸门，关系到建设单位和施工单位的切身利益。尤其是公路建设项目工程决算，作为建设项目完成后从工程投资控制角度形成的成果，是工程估算、概算、预算、决算管理环节中的重要一环，同时满足不同管理部门对工程造价管理信息的需求。政府主管部门，作为投资宏观控制的主体，须从中得到的是造价管理的最终成果，即控制目标的实现程度；审计监督部门的工作重点是对资金流向及使用的合法性的判断，但须以其使用的必要性及形成的实物工程量为基础；造价管理部门，作为多次计价的最后一次确定造价，需要了解的重点是项目过程管理计价的必要性、合理性，并为造价资料的积累提供信息；建设单位则须从中总结管理经验，提高管理水平。通过工程决算的编制，能够真实地反映项目费用形成，考核各项费用支出的必要性和合理性，与批准的概算、预算对比反映执行情况，从而达到规范管理，堵塞漏洞的目的。

因此，这个阶段的主要任务就是严格执行工程决算和财务决算两个不同角度的工程决算，起到"秋后算账"的作用，同时应逐步引入工程独立审计，从法律和制度上保证前面各阶段造价控制措施能够真正落到实处。

四、公路工程造价控制模式设计

（一）"五对应、一平台"含义

我国现行的公路工程造价计价模式主要分为两类：一类是投资决策阶段、设计阶段的概预算定额体系计价模式，另一类是招投标阶段、施工阶段的工程量清单体系计价模式。定额计价是公路工程前期造价编制的基础，而清单计价是公路工程实施期造价核算的依据，两种计价模式分别属于不同体系，而两个系统又处于相对独立的状态，很难提取两个系统相对应的数据系统，也不利于数据统计工作的开展与造价管理的控制。以上原因直接导致公路工程造价管理的不连续，为此，有必要建立两个系统相统一的操作平台，实现公路工程估算、概算、预算、清单、决算五算的对应。在此理论的指引下，构建公路工程概预算定额与工程量清单的"五对应、一平台"计价新体系。

（二）宏观五算对应模式解析

为了将在建公路工程与已完工工程进行对比分析，实现估算、概算、预算、决算与清单五个阶段的对应关系，达到概预算定额与工程量清单的对接，基于工程造价全过程控制的原则提出概预算定额与工程量清单的"五对应"关系。通过这些比较可以直接反映各环节的管理成果，例如清单（工程合同）与批准的概（预）算的费用比较可以得到项目的招标效益；清单（标底）与清单（工程合同）的费用比较可以得到项目的投标效益；项目决算与批准的概（预）算的费用比较可以得到项目的执行效益；项目决算与清单（工程合同）的费用比较可以得到项目的管理效益。这些比较的结果既直接反映了建设方、施工方对工程实施管理的成绩，更重要的是通过对相应工程进行比较达到前者控制后者，后者检验前者的目的，有利于总结经验，提高规范化管理程度。

（三）微观五点对应模式解析

五算对应关系的外在表现形式就是将在建项目与已完工公路工程项目比较，评估其合理性，及实现估、概、预、清单、决的对应关系，但由于公路工程项目的建设从投资决策、设计、招投标、施工、竣工运营必然经过一个长期的过程，同时在实施过程中可能随着工程实施的不断深入，建设条件会发生诸多变化，因此，这些微观的可变因素必须加以考虑，否则会导致各阶段不具有可比性，五算对应无法实施。五点对应的实质是保证各阶段项目与完工项目、时空环境、施工组织、实物形态、构件功能五方面相对应。

1. 与完工项目相对应

无论是估算、概算、预算还是清单计价，在应用时都应该与已完工项目进行纵向比较。在项目投资与工程可行性研究阶段，公路工程造价估算的依据少，只能根据已完工项目，类比相似度比较大的工程，在此基础上进行相应的调整；设计阶段，对情况虽进行进一步确认，需要已完工项目数据的支撑；估算子项进行了细化，但在材料单价、对于公路工程的总工程量的确定时仍在招投标阶段采用清单计价模式，理论上采用企业内部定额，企业在确定综合单价时，有必要根据工程经验和已完成工程项目确定。施工、竣工决算阶段的造价控制方面，监理单位也应对项目进行纵向比较，评价造价控制的质量，对于与完工项目性质相似、工程量相当的，却与已完工项目造价相差较大的项目，及时查明原因。

2. 与工程投资的时空环境相对应

建立每一个项目各阶段对比时要充分考虑工程所处的区域及工程实施的时间，工程区位不同，会产生由于区位而造成的材料运输费用的差异；工程实施的时间不同，或者是工程延续时间较长，更应该考虑由于材料的市场价格变动而产生的材料价格的变动，从而引起概算、预算材料价格及工程量清单中综合单价的变化。

3. 与工程施工组织相对应

施工组织直接关系到公路工程的施工工期及施工的投入，从而影响工程的造价。将各项目与施工组织相对应，能够体现由于施工组织的不同而引起的造价的变化。工程定额在估、概、预算时，分部分项工程的列表与清单存在差别，只能初步确定施工所涉及的分项，而对于施工组织无明确的对应。而工程量清单所涉及的内容也仅是施工过程内容的罗列，缺乏与施工组织的对应关系。因此，工程定额-工程量清单应该统一与施工组织对应，并保证定额与清单内部有关施工组织的关系对应。

4. 与工程的实物形态构成相对应

与工程的实物形态构成相对应是保证公路工程造价控制质量的基本措施之一。公路工程的实物构成比较复杂，相对于其他建设工程而言，隐蔽工程数量比较多，在进行工程量统计时，容易产生疏漏。而与工程的实物形态对应后，路基、桥梁、隧道等作为工程实体，在概预算定额-工程量清单体现，对于造价管理人员而言，方便、简捷。另外，与工程实物形态构成相对应，还能有效对应组成工程实体的各项施工内容，以防止隐蔽工程的少报、漏报。

5. 与工程构件功能相对应

公路工程施工过程中，经常会出现由于地质条件或者设计要求等引起的变更，多为匝道数量增减，桥梁宽度、高边坡防护工程等的变化等。因此，在概算、预算与清单编制时，就应与工程构件的功能对应起来，在变更时，只考虑工程构件数量上的变化，为竣工决算时，核查工程造价做好准备工作。

（四）"一平台"模式解析及应用

"一平台"简单说即将原来公路工程造价的概预算定额计价体系与工程量清单体系统一到一个通用的平台。目前我国公路工程造价实行两个平台，估、概、预算基于概预算定额平台，而投标价、结算价及决算都是基于工程量清单这一平台。随着我国公路工程造价体系的不断完善和对管理规范化要求的不断提高，必然要求统一两种计价模式下的操作平台，建立通用的操作平台，保证公路工程前后口径的一致性，使处于投资决策阶段、设计阶段、招投标阶段、施工阶段、竣工决算阶段这些相对离散的过程有一个共同的平台，从而有利于实现公路工程的全过程控制，解决整体系统最优问题。通过定额与清单对应起来，搭建好适用于各自的平台，在使用中逐渐完善两者的对应关系，在实施"五对应"的过程中，注重将定额与清单的子项对应，实现两种计价模式在同一平台上的相互转换与对应。同时这一平台的实现可通过统一的软件平台来实现，最终达到既可实现各自的代码维护，又可实现两者的对应。

1. 实施控制模式的意义

实行"五对应、一平台"控制模式，可使现有公路工程造价管理的力度大大加强，并解决或触及工程构件功能、工程建设顺序、实物形态反映、工程内在逻辑、资金融通问题、投资效益问题、成本管理问题、进度管理问题等工程建设中的根本问题。其重要意义在于：第一，有助于转变工程造价形成机制，促进市场经济条件下我国建设工程造价管理体制改革；第二，实现全过程、全方位的工程投资成本计划、控制和决策，为技术操作、工程管理等提供一个基础平台；第三，从最根本点出发，提高投资效益，搞好工程管理工作，充分发挥概预算定额与工程量清单的应用作用；第四，有助于将工程建设客观规律、价值规律和市场规律引入概预算定额-工程量清单体系的运用中。

2. 保障控制模式实施的对策

新计价体系是按市场经济要求建立起来的一种造价控制和管理方式，对充分发挥市场机制作用，完善工程造价机制，规范建设市场，起到了积极的推动作用。但是新计价体系的实施应用尚未成熟，要建立起良好的配套环境，才能更好推动工程造价管理改革的深入和体制的创新，保障新计价体系的实施。

第一是制度保障。要建立健全与新计价体系相配套的工程造价管理制度，目前我国已经有工程交竣工进行决算方面的要求，但更多是为了应付审计的需要，没有真正从工程建设全过程角度进行系统分析。

第二是管理完善。新计价体系核心是为了配合工程价格的管理制度改革，在新计价体系推广后，工程造价管理，需要更新观念和造价管理模式，以保障新计价体系实施的质量。

第三是技术推广。加强工程造价信息化建设，实现信息化管理，实现市场价格信息共享。应用现代化科技手段，建立公路工程造价信息系统，实现价格信息的共享。另外，由于工程定额与工程量清单的对应关系比较繁杂，并且需要根据实际工程动态改变，有必要开发工程定额与工程量清单软件，减少重要劳动，使研究成果为更多的工程共享。

总之，公路工程是一个庞大的、复杂的系统工程，其造价管理需要多方参与，不断推进造价数据的统计与造价控制模式的改革，而其中造价数据库的建立是一个十分重要的基础性工作，多年来，我国公路工程建设数据分散，没有一个统一的数据统计方式。新计价体系的"一平台"理念可弥补这一空白，实现公路建设数据的统计，为拟建工程的造价控制提供历史的、可靠的参考依据。

第六章 公路与路面工程计价

第一节 公路工程计价依据

一、公路工程计价依据概述

公路工程计价依据是进行公路工程计价的各类数据和信息的总和。公路工程影响因素很多，每一项工程的计价都要根据工程的类别、规模、结构特征、建设标准、所在地区、市场造价信息及政府有关政策等进行具体计算和确定。工程的计价依据内容也较广泛，是主要影响数量和市场价格的因素。

（一）公路工程计价依据的分类

1. 根据计算和确定成果的内容分类

①计算工程量的依据，包括前期资料、设计资料、计算规则等，如项目建议书、可行性研究报告、设计图纸和文件。

②计算分部分项人工、材料、机械台班消耗量的依据，主要包括各种定额。

③计算工程资源单价的依据，包括人工、材料、机械、设备价格信息、市场价等。

④计算各种费用的依据，如计价规则、造价文件规定、政府规定的税费等相关的法规和政策依据。

⑤调整工程造价的依据，如造价文件规定、物价指数、工程造价指数等。

2. 根据依据来源分类

（1）标准、规范、规程类

这类依据包括各类设计规范、施工规范、操作规程、验收规范类等。

（2）行业、省级主管及造价管理部门发布的规章、办法、文件等计价依据

这类依据包括各种消耗量定额、费用定额、基础单价、工程造价指数、编制办法、补充规定等。这类依据数量多，也是计价具体操作的依据。

（3）与项目有关的文件资料

它是反映建设项目规模、内容、标准、功能、进度等的文件资料，是确定工程数量和价格的重要依据。在不同阶段，文件资料是不同的，主要包括：项目的各种批文、项目建

议书、可行性研究报告；初步设计、扩大初步设计、施工图设计的图纸、招投标文件、会议纪要、各种计价文件等。

其中，施工图预算阶段主要是施工图纸和经批准的设计概算。施工图纸规定了工程的地点、规模、地形地貌、结构尺寸、技术要求等，不仅是指导施工的技术文件，也是计算编制预算的主要依据。设计概算一旦被批准，就作为投资限额，一般不得突破。此金额作为施工图预算的控制目标。

（4）项目环境条件

环境条件的差异和变化，会导致计价的不同。在计价时，须通过充分的调查和了解，掌握对计价产生影响的内容和情况，包括：所在地的气象、水文、地形地貌、地质等自然条件；当地的交通、运输、通信、施工技术水平、装备水平、要素市场价格和供应情况、民风、民俗等经济、人文条件；业主情况、设计单位情况、施工组织设计、施工方案等其他条件。

（5）其他计价依据

其他计价依据包括：企业定额、承包商的管理规定、管理体制，按规定编制的补充定额、建筑材料手册、预算工作手册及有关工具书等。

公路工程的计价依据中稳定性较强的是定额、工程量计算规则。

（二）工程计价依据的主要内容

1. 工程定额

工程定额包括施工定额、预算定额、概算定额和指标、估算指标及费用定额等。

2. 工程造价指数

工程造价指数是反映一定时期由于价格变化对工程造价影响程度的一种指标，是调整工程造价价差的依据，包括以下内容：

①单项价格指数。

第一，人工费、材料费、施工机械使用费等价格指数。

第二，措施费、间接费及工程建设其他费等费率指数。

②设备、工器具价格指数。

③建筑安装工程造价指数。

④建设项目或单项工程造价指数。

3. 工程造价资料

工程造价资料内容很多，包括基础单价、工程量数据和单价（直接费单价、综合单价）等，以及政府主管部门颁发的各种有关经济法规、政策、施工组织设计、工程量计算规则等。

（三）计价依据的主要作用

计价依据，依据不同的建设管理主体，在不同的工程建设阶段有不同的作用。

1. 编制计划的基本依据

无论是国家建设计划、发包人的投资计划、资金使用计划还是承包人的生产计划、施工进度计划等，都是以计价依据来计算人工、材料、机械、资金等需要数量，合理地平衡和调配人力、物力、财力等各项资源，以保证提高投资或企业经济效益，落实各种建设计划。

2. 计算和确定工程造价的依据

工程造价的计算和确定必须依赖计价依据，如估算指标用来计算和确定投资估算，概算定额用于计算和确定设计概算，预算定额用于计算和确定施工图预算，施工定额用于计算确定施工项目成本等。

3. 企业实行经济核算的依据

企业进行经济核算可以促使企业节约资源，取得经济效益，定额等计价依据是考核资源消耗的主要标准。

4. 有利于市场的良好发育

计价依据既是投资决策的依据，又是价格决策的依据。对于投资者来说，利用定额等计价依据可以有效地提高其项目决策的科学性，优化其投资行为；对于施工企业来说，定额等计价依据是其适应市场投标竞争和企业进行科学管理的重要工具。

计价依据的公开公平和合理有助于公路建设市场主体之间展开公平竞争，充分优化市场资源的有效利用；同时，各类计价依据是对大量市场信息的加工、传递和反馈等的总和。因此，计价依据的可靠性、完整性与灵敏性是市场成熟和市场效率的重要标志，加强各类计价依据的管理有利于完善公路市场管理信息系统和提高造价管理的水平。

二、公路工程定额体系

（一）定额的定义

定额是在正常的生产（施工）技术和组织条件下，为完成单位合格产品所规定的人力、机械、材料、资金等消耗量的标准。

（二）公路工程定额的分类

1. 按计价依据的作用分类

公路工程定额按计价依据的作用可分为工程定额和费用定额。

工程定额：《公路工程施工定额》《公路工程预算定额》《公路工程概算定额》《公路工程估算指标》等。

费用定额：《公路工程机械台班费用定额》《公路基本建设工程概算、预算编制办法》《公路工程基本建设工程估算编制办法》中规定的各项费用定额和费率。

2. 按生产因素分类

在施工生产中起主要作用的有三大要素，即劳动力、材料、机械。公路工程定额是按实物量法编制的定额，工料机三种因素在公路定额中是主要内容。据此我们将定额分为劳动消耗定额、材料消耗定额和机械设备定额三种。

（1）劳动消耗定额

劳动消耗定额简称劳动定额（或人工定额或工时定额），是指在正常的生产技术和生产组织条件下，完成单位合格产品所规定的劳动消耗量标准，分为时间定额和产量定额。时间定额与产量定额互为倒数关系。

①时间定额

时间定额指在技术条件正常，生产工具使用合理和劳动组织正确的条件下，为生产单位合格产品所消耗的劳动时间，单位为工日/产品单位，可直接查定额，如人工挖土质台阶（普通土）工程，定额为 45 工日/1000 m^2。

每一工日除潜水按 6 h、隧道工作按 7 h 外，其余均按 8 h 计算。

$$时间定额 = \frac{耗用工时数量}{完成单位合格产品数量}$$

$$时间定额 = \frac{1}{单位时间完成的产量} = \frac{1}{产量定额}$$

②产量定额

产量定额指在技术条件正常、生产工具使用合理和劳动组织正确的条件下，工人在单位时间内完成的合格产品的数量。

$$产量定额 = \frac{完成合格产品数量}{耗费时间数量}$$

$$时间定额 = \frac{1}{完成单位合格产品所消耗的时间量} = \frac{1}{时间定额}$$

其单位为产品单位/工日。如上例中完成 1000 m^2 的台阶工程需 45 工日，则每工日产量为 1000 m^2/45＝22.2 m^2/工日，即每工日完成 22.2 m^2 的台阶工程，由时间定额计算而来。

（2）材料消耗定额

①概念

第一，材料消耗定额简称材料定额，指在节约和合理使用材料的条件下，生产单位合格产品所必须消耗材料的数量标准。材料定额的单位为实物单位，如吨、千克等。

第二，材料是指工程建设中使用的原材料、产品、半成品、构配件、燃料及水、电等动力资源的统称。

第三，材料消耗。材料消耗根据消耗的性质可分为必须消耗的材料和损失的材料。

必须消耗的材料：在合理用料的条件下，生产合格产品所须消耗的材料，包括直接用于建筑和安装工程材料的有效消耗量、不可避免的材料损耗和施工废料。必须消耗的材料可分为材料净消耗、工艺性损耗。必须消耗的材料属于施工正常消耗，是确定材料消耗定额的基本数据。

②分类

第一，材料消耗定额按材料消耗的特征分为基本材料消耗定额和辅助材料消耗定额。

基本材料：构成工程结构本身所用的各种材料，如钢筋混凝土柱中的钢筋、水泥、砂、碎石等。

辅助材料：工程所必需但不是构成工程实体本身的材料。其中可以多次周转使用的叫周转性材料，一次消耗完成的叫一次性辅助材料（如土石方爆破工程所必需的炸药、引信、雷管等）。

第二，材料消耗定额按表现形式可分为：材料消耗定额、损耗及废料定额、材料产品定额、材料周转定额。

③材料消耗定额的表现形式

第一，材料消耗定额。

材料消耗定额由完成单位合格产品的材料净用量和材料损耗量组成。

材料消耗定额=完成单位合格产品的材料净用量+材料损耗量

A. 材料净用量也叫材料净消耗或净定额，指生产合格产品所需材料的有效消耗量，包括基本材料消耗、一次性辅助材料消耗和周转性材料消耗。如浇筑混凝土消耗的水泥净用量，即指试验室在配料单上规定消耗的数量；如石方开挖爆破消耗的炸药净用量，即经过爆破试验或理论计算需要的数量。

B. 材料损耗量指材料从现场仓库领出到完成合格产品的生产过程中的合理损耗数量，是场内运输与操作过程不可避免的损耗量（场内运输与操作损耗），包括施工过程中现场搬运堆放的损耗及施工操作不可避免的残余材料损耗、不可避免的废料损耗。材料损耗量也叫损耗定额，计入材料消耗定额中的非有效消耗量中，材料损耗量一般用损耗率表示：

$$材料损耗率 = \frac{材料损耗量}{材料净用量} \times 100\%$$

则：

材料损耗量=完成单位合格产品的材料净用量×材料损耗率

材料消耗定额=完成单位合格产品的材料净用量×（1+材料损耗率）

在公路预算定额中直接查出的数值就是材料消耗定额，材料损耗率可在预算定额中查询。

材料消耗定额中的消耗量是材料消耗中的一部分，包括材料净消耗和场内运输与操作损耗。场外运输损耗与仓管损耗计入材料预算价格，损失的材料不计入单价和定额中。

第二，材料产品定额。

材料产品定额指用一定规格的原材料，在合理的操作条件下，而获得标准产品的数量。

第三，材料周转定额。

材料周转定额指周转性材料在施工中合理周转使用的次数和用量，见预算定额。周转性材料应按规定进行周转使用，预算定额中，周转性材料均按正常周转次数计算出摊销量摊入定额中。

摊销量（定额用量）是指周转材料使用一次在单位产品上的消耗量，即应分摊到每一单位分项工程或结构构件上的周转材料消耗量。其公式如下：

$$\text{定额用量} = \frac{\text{图纸一次使用量} \times (1 + \text{场内运输及操作损耗率})}{\text{周转次数（或摊销次数）}} \quad (\text{式}6\text{-}1)$$

式中：图纸一次使用量——第一次投入使用时的材料数量，根据施工图与施工验收规范计算。

损耗率——在第二次和以后各次周转中，每周转一次因损坏不能复用，必须另做补充的数量占一次使用量的百分比，又称平均每次周转补损率，包括场内运输及操作损耗，用统计法和观测法来确定。

周转次数或摊销次数——按施工情况和过去经验确定，可查《公路工程预算定额》。

（3）机械台班消耗定额

机械台班消耗定额简称机械定额，是指在正常施工条件下，合理地组织生产与合理地利用某种机械完成单位合格产品所必需的机械台班消耗标准，或在单位时间内机械完成的产品数量。

机械定额按其表现形式分为机械时间定额和机械产量定额两种。机械时间定额是指在一定的工作内容和质量安全要求的条件下，规定某种机械完成单位产品所需要的时间，单位常用"台班""台时"。机械时间定额和机械产量定额互为倒数。公路预算定额使用的是时间定额。

（4）机械台班费用定额

为使机械正常运转需要支出和分摊的折旧、维修、安装拆卸、辅助设施及人工、动力燃料、车船税等各项费用消耗的标准，即确定机械台班单价的定额。

3. 按使用要求分类

在公路基本建设过程中，所处的阶段不同，编制造价文件的主要依据定额也不同。公路工程定额按使用要求分类，可划分为施工定额、预算定额、概算定额、估算指标等。

（1）公路工程施工定额

施工定额是指建筑安装施工企业根据企业本身的技术水平和管理水平编制的，在正常施工条件下，生产单位合格产品所必需的人工、材料、施工机械台班消耗的数量标准，及其他生产经营要素消耗的数量标准。

施工定额以同一性质的施工过程工序为研究对象，由劳动定额、材料消耗定额和机械台班消耗定额三个相对独立的部分组成。施工定额是建设工程定额分项最细，定额子目最多的一种定额，是建设工程定额中的基础性定额，是编制其他定额的基础。施工定额是企业内部管理的定额，属于企业定额的性质，是在施工准备阶段和施工阶段使用的定额。定额水平为平均先进水平，单位以最小单位、工日、工时计。

①施工定额的作用

第一，是施工企业进行计划管理的依据。

第二，是施工企业组织和指挥施工生产的有效工具。

第三，是施工企业考核工效、评奖、计算工人劳动报酬的依据。

第四，是施工企业加强成本管理和经济核算、编制施工预算的依据。

第五，是编制预算定额、补充定额的基础。

②施工定额编制依据

第一，交通运输部颁发的各项建筑安装工程施工及验收技术规范。

第二，建筑安装工人技术等级标准。

第三，施工操作规程和安全操作规程。

第四，技术测定资料，经验统计资料，有关半成品配合比资料等。

③施工定额的内容文字说明部分：总说明、章说明、节说明；定额表。

（2）公路工程预算定额

预算定额是在施工定额的基础上综合而成的具有较先进合理定额水平的定额，属于计价定额，为社会平均水平，单位比施工定额大，以（10 m、1000 m²、10 m³）、工日、工时计。

①预算定额编制的原则

第一，按社会平均水平确定预算定额的原则。

第二，坚持统一性和差别性相结合的原则。

第三，简明适用原则。

第四，专家编审责任制原则。

②预算定额的组成内容

定额的文件、目录、总说明，各类工程的章说明、节说明，定额表。

③预算定额的作用

第一，预算定额是编制施工图预算，确定和控制项目建筑安装工程造价的基础。

施工图预算是施工图设计文件之一，是控制和确定建筑安装工程造价的必要手段。预算定额是确定一定计量单位分项工程人工、材料、机械的消耗量的依据，也是计算分项工程单价的基础。所以，预算定额对建筑安装工程直接费影响甚大。

第二，预算定额是对设计方案进行技术经济比较和技术经济分析的依据。

设计方案在设计工作中居于中心地位；根据预算定额对方案进行技术经济分析和比较，是选择经济合理设计方案的重要方法；对设计方案进行比较，主要是通过定额对不同方案所需人工、材料和机械台班消耗量、材料重量、材料资源等进行比较。这种比较可以判明不同方案对工程造价的影响。

第三，预算定额是编制施工组织设计的依据。

在公路工程各个阶段，必须编制相应的施工组织设计文件：根据预算定额确定的劳动力、建筑材料、成品、半成品和施工机械台班的需用量，为组织材料供应和预制构件加工、平衡劳动力和施工机械提供了可靠依据。

第四，预算定额是合理编制招标控制价、投标报价的重要参考。

建设单位在编制招标控制价时应以预算定额为基础，施工单位投标报价应采用自己的企业定额，也可以预算定额作为投标报价的参考。

第五，预算定额是编制概算定额和估算指标的基础。

概算定额和估算指标就是在预算定额基础上经综合扩大编制而成的。

（3）公路工程概算定额

概算定额是在预算定额的基础上综合而成的大单位工料机消耗量的定额，属于计价定额，为社会平均水平，但是比预算定额水平低。以更大的单位来表示。

①概算定额的作用

第一，是初步设计阶段编制建设项目概算和技术设计阶段编制修正概算的依据。

第二，是设计方案经济比较的依据。

第三，是编制主要材料需要量的计算基础。

第四，是编制建设项目投资估算指标的基础。

第五，在不具备施工图预算的情况下，概算定额还可以作为制定工程标底的基础。

在实行建设项目投资包干时，其项目包干费用通常也以概算定额为计算依据。

②概算定额的编制依据

第一，国家有关方针、政策及规定。

第二，现行标准设计图纸或有代表性的设计图或施工详细图。

第三，现行的工程施工技术及验收规范、质量评定标准及安全操作规程。

第四，现行预算定额。

第五，施工方案、施工工艺及方式、机械的选择。

第六，编制期的人工工资标准、材料预算价格、机械台班单价。

③概算定额的内容

现行的《公路工程概算定额》（以下简称《概算定额》）共分上、下两册。《概算定额》包括说明、定额表两部分，其内容包括：路基工程、路面工程、隧道工程、涵洞工程、桥梁工程、交通工程及沿线设施、临时工程共 7 章。

④预算定额与概算定额的区别

第一，概算定额是编制设计概算、修正概算的依据。

第二，概算定额是大单位的定额。

第三，概算定额的水平低于预算定额。

第四，概算定额包括分项定额和扩大定额。

（4）公路工程估算指标

估算指标是以独立的建设项目、单项工程或单位工程为标定对象，完成单位合格产品所必须消耗的工、料、机数量（或费用）标准。估算指标是在可行性研究阶段采用的一种扩大的技术经济指标。它以独立的建筑项目、单项工程或单位工程为对象，综合项目全过程投资和建设中的各类成本和费用，反映出其扩大的技术经济指标。

因而估算指标既是定额的一种表现形式，但又不同于其他的计价定额，具有较强的综合性和概括性。

①估算指标作用

第一，在编制项目建议书和可行性研究报告阶段，是多方案比选、优化设计方案、正确编制投资估算、合理确定项目投资额的重要基础。

第二，在建设项目评价、决策过程中，是评价建设项目投资可行性、分析投资效益的主要经济指标。

第三，在实施阶段，是限额设计和工程造价确定与控制的依据。

第四，是固定资产投资管理和控制的重要手段。

第五，是固定资产投资规模、引导投资方向、制订中长期投资计划工作的重要依据。

第六，在项目投资决策的实施阶段，估算指标是强化投资项目管理的重要手段。

②估算指标的费用

第一，包括主要工程项目的建筑安装工程费中的人工费、材料费和机械使用费，不包括其他工程和各项费用指标。

第二，其他工程费以主要工程费为基数按规定的费率计算，不列工、料、机消耗量。

第三，各项费用分别按《公路工程建设项目投资估算编制办法》中的规定计算。

③估算指标的表现形式

估算指标是编制和确定项目建议书和可行性研究报告投资估算的基础和依据，按其用途和表现形式分"综合指标"和"分项指标"两大类。

第一，综合指标。

综合指标适用于编制项目建议书投资估算，主要用于建设项目经济上的研究、项目的选择及合理性研究，建设规模和编制公路建设发展规划的研究，以人工、主要材料和其他材料费、机械使用费及各项费用指标等全部工程造价为表现形式。

第二，分项指标。

分项指标适用于编制公路建设项目可行性研究报告投资估算，主要用于建设项目投资效益、经济可行性研究、方案的经济比选和建设成本的确定，以各项工程的人工、主要材料和其他材料费、机械使用费及施工管理指标为表现形式。

估算指标与概算定额、预算定额一样，以人工、主要材料、其他材料费、机械使用费、基价等实物指标为表现形式。

4. 按编制单位和执行定额的范围分类

公路工程定额按编制单位和执行定额的范围分为全国统一定额、主管部门定额、地方定额、企业定额。

（三）公路工程定额的特点

1. 定额的科学性

定额的科学性主要表现在两方面：①公路定额必须和生产力发展水平相适应，反映公路工程施工中物资消耗的客观规律，作为公路基本建设计划、调节、组织、预测、控制的可靠依据。②定额管理在理论、方法和手段上是科学的，能适应现代科学技术和信息社会发展的需要。

定额的数据都是在认真的研究下，采用科学严谨的方法，按照客观规律的要求确定的。

2. 定额的系统性和统一性

一种专业定额是一个完整独立的系统。公路工程定额从测定到使用，直至再修订都是为了全面反映公路工程所有的工程内容和项目，且与公路技术标准、规范配套，完全准确反映公路工程施工工艺流程中的每一个环节。

公路定额是为公路建设这个庞大的实体系统服务的。公路项目可以分解出成千上万道工序，而其内部却层次分明，如项、目、节的划分。任何一个分部、分项工程在公路定额中都能一一确定。

公路定额初期借助国家统一的技术标准、规范制定，逐渐发展成交通工程的统一标准、规范。在交通运输部定额站的统一领导下，按照定额的制定、颁布和贯彻执行统一的行动，使定额工作及定额的管理工作有了统一的程序、统一的原则、统一的要求、统一的用途。

国家对经济发展有计划的宏观调控职能决定了定额的统一性。公路工程定额的一系列工作，需要巨大的人力、财力投入，同时也给社会以巨大的回报，统一和指导公路建设市场，保证有限的资金投入发挥最大的作用，保障市场正常有序进行。

3. 定额的权威性和强制性

工程定额是由政府部门通过一定的程序审批、颁发的，具有很强的权威性。权威性在一些情况下具有经济法规和执行的强制性。

只有科学的定额才具有权威性。定额必然牵涉到相关方的经济关系和利益关系。赋予定额一定的强制性，意味着在规定的范围内，定额的使用者和执行者，不论主观上是否愿意，都必须严格按定额的要求和规定执行。特别是目前建设市场不太规范的情况下，定额的权威性尤为重要，它可以帮助理顺建设项目相关各方的经济和利益关系。

权威性反映统一的意志和统一的要求，也反映信誉和信赖程度。但是，定额是主观对客观的反映，定额的科学性受人们认识水平的限制，所以定额的权威性也不能绝对化。随着投资体制改革和投资主体多元化格局的形成，及企业经营机制的转变，定额的这一特点也将调整自己的位置，权威性的特点会弱化。

4. 定额的稳定性和时效性

①定额所反映的是一定时期内的施工技术和先进工艺的水平，表现为具有一定的稳定性。

编制或修改定额是一项十分复杂的工作，需要动用和组织大量的人力和物力，收集大量的资料和数据，进行反复的调查研究、测算、比较、平衡、审查、批复等工作，需要很长的周期完成这些工作。

定额的稳定性给政府决策和经济的宏观调控提供有力的保证。定额的稳定性是维护定额的权威性所必需的，更是有效地贯彻定额所必需的。公路工程定额的稳定期一般为5~10年。

②定额的稳定性也是相对的，生产力发展到一定程度就要重新编制或修订了，以适应生产力的发展。总之，定额的变化是绝对的，定额的修编及完善是不断进行的。

三、公路工程预算定额的应用

（一）预算定额的基本组成

预算定额的组成内容：现行的《公路工程预算定额》（以下简称《预算定额》）共分上、下两册。《预算定额》包括定额的颁发文件、总说明、目录、各类工程的章说明、节说明、定额表和附录7部分。其内容包括：路基工程、路面工程、隧道工程、桥梁工程、防护工程、交通工程及沿线设施、临时工程、材料采集及加工、材料运输9章及附录。

1. 定额的颁发文件

2. 总说明

总说明部分，规定使用范围、使用条件、定额使用中的一般规定等，对正确运用定额具有重要作用。

3. 目录

4. 章（节）说明

章节说明主要讲述本章节的工程内容、工程量的计算方法和规定、计算单位及尺寸的起止范围，及计算的附表等。这部分对每一章、节的定额套用和定额工程量具体使用要求及注意事项做出了说明，是正确应用定额的基础。

5. 定额表

定额表是各类定额的最基本的组成部分，是定额指标数额的具体表示，包括表号及定额表名称、工程内容、单位、顺序号、项目、工程细目、栏号、定额值、基价、注。

第一，定额表号及名称。

定额按工程项目的不同，以章为单元将定额表有序地排列起来，这种排列的序号就是定额表号。

第二，工程内容。

工程内容主要说明本定额表所包括的操作内容及对应详细工艺流程。查定额时，必须将实际发生的项目操作内容与表中的工程内容进行比较，若不一致时应进行调整或抽换。

第三，定额单位。

常用扩大的单位 $10m^3$、$100\ m^3$、$1000\ m^3$ 等。

第四，顺序号。

表示人工、材料、机械及费用的顺序号，起简化说明的作用。

第五，项目。

项目即定额表中的工程所需人工、材料、机械费用的名称、规格。

第六，代号。

采用计算机时工料机的识别符。

第七，工程细目。

表征本表中所包括的工程细目。

第八，栏号。

栏号指工程细目的编号，如人工夯实栏号为"1"，也称"子目号""栏目号"。

（二）运用定额的步骤

1. 根据运用定额的目的，确定所用定额的种类（是预算定额还是其他定额）

2. 明确定额表

根据项目所包括的内容确定欲查定额的项目名称，据此在定额目录中找到所在页次，找到对应的定额表。

3. 查到定额表后再进行如下步骤

第一，明确定额子目，查用定额。

在查用定额时，应根据实际工程项目包含的工程内容（设计要求、施工组织要求），明确工艺流程，查看与定额表"工程内容"所包含的内容、结构形式、施工工艺、材料等是否相同，以便正确选用定额，防止错、重、漏。两者若无出入，则可在表中找到相应的子目，确定子目（栏号）；若有出入则进行调整和抽换。

第二，检查定额表的计量单位与工程项目取定的计量单位是否一致，是否符合规定的工程量计算规则。

第三，看定额的总说明、章说明、节说明及表下的小注是否与所查子目的定额有关，若有关，则按要求处理。

第四，依子目确定各项定额值，可直接引用的就直接抄录，须计算的则在计算后抄录。

4. 重新按上述步骤复核

5. 该项目的细目定额查完后，再查该项目的另外细目定额，依次完成后，再查另一个项目的定额

（三）预算定额的应用

预算定额的应用就是运用定额，确定工料机消耗量和单价，主要包括定额套用、换算和补充。应明确直接套用单个定额、组合定额，是否需要抽换定额、补充定额，防止错、重、漏。

1. 定额的单个直接套用

实际工程项目包含的工程内容与定额子目工程内容完全相符时，直接套用单个定额与实际工程项目一一对应。

2. 定额组合套用

当实际工程项目包含的工作内容较多，单个的定额子目工程内容只是其中一部分，实际工程项目工艺流程必须由几个定额联合起来才能完成时，应进行定额的组合套用。这种定额套用对总造价的影响是很大的，应正确选用定额，防止重漏。

3. 定额的换算

由于定额是按合理的施工组织和一般正常的施工条件编制的，定额中所采用的施工方法和质量标准，是根据国家现行公路工程施工技术及验收规范、质量评定标准及安全操作规程取定的，除定额中规定允许换算者外，均不得因具体工程的施工组织、操作方法和材料消耗与定额规定不同而变更定额。

定额换算：当设计要求与定额工程内容、结构形式、施工工艺等条件不完全相符时，应按规定调整定额，使定额的使用更符合实际情况。定额换算包括系数换算、项目或（和）消耗量换算、标准换算等。

（1）系数换算

系数换算主要是根据工程的实际情况，结合定额的说明进行换算。有些是定额子目乘以系数，或是人材机中一个或几个乘以系数。

（2）项目或（和）消耗量换算

项目换算：主要用于套取定额时某些项无法直接找到完全合适的定额，可以查找一个相似的定额，然后把定额里的材料替换成需要的材料。在换算时，仅调整与定额规定的品种或规格不同材料的名称、数量及价格，定额的其他消耗量一般不变。换算方式有两种：一是把定额中的某种材料换成实际使用的材料；二是虽属同一种材料，但因规格不同，须将原规格材料数量换算成使用的规格材料数量。

①钢筋工程中，当设计用Ⅰ、Ⅱ级钢筋比例与定额比例不同时，可进行换算。

定额中的钢筋按选用图纸分为光圆钢筋、带肋钢筋，如设计图纸的钢筋比例与定额有出入时，可调整钢筋品种的比例关系。

②片石混凝土定额的片石掺量换算。

片石混凝土定额是按一定的片石掺量编制的。当设计图纸的片石掺量与片石混凝土定额的片石掺量不同时，就必须按设计图纸的片石掺量对定额进行调整换算。

注意：在水泥混凝土拌和和运输工程量计算时，应注意由于片石掺量的变化所带来的水泥混凝土数量的变化。

③钢筋混凝土锚碇体积比换算。

当沉井浮运、定位、落床使用的钢筋混凝土锚碇自重与定额不相同时，按相近锚体质量定额执行，可按锚体体积比例抽换定额中的水泥、中（粗）砂、碎石的数量，但其他数量均不得调整。同时注意相应调整水泥混凝土拌和和运输工程量。

注意：在水泥混凝土拌和工程量计算时，应注意对拌和量做相应的调整。

④预应力钢筋、钢丝束的根、束数计算。

制作、张拉预应力钢筋、钢丝束定额，是按不同的锚头形式分别编制的，当每吨钢丝的束数或每吨钢筋的根数有变化时，可根据定额进行抽换。

（3）周转材料换算

就地浇筑钢筋混凝土梁用的支架及拱圈用的拱盔、支架，如确因施工安排达不到规定的周转次数时，可根据具体情况进行换算并按规定计算回收。

4. 补充定额

随着科学技术的发展，新结构、新工艺、新材料、新设备在公路工程上推广使用很快，由于定额制定有一定的周期，在新定额未颁布以前，为了合理正确地反映工程造价和经济效益，在现行使用的概、预算定额基础上，编制有部颁补充定额、地区补充定额和部分工程项目的一次性补充定额等。

①查用补充定额时，应注意定额表左上方"工程内容"、结构形式、施工工艺等与实际工程项目是否完全一致，及补充定额的适用范围等，以便正确选用补充定额。

②编制补充定额的依据主要包括：国家的有关规定、技术标准和规范，设计施工图纸，施工定额，预算定额，施工方法、施工工艺和质量标准，施工经验和现场实测资料。

③定额的补充。

预算补充定额编制，应遵循预算定额的编制原则、方法，补充定额中的人工、材料、机械消耗量，应以该工程的施工图纸、正常的施工条件、合理的施工方法、现行的施工及验收规范、质量评定标准、安全技术操作规程、施工现场文明安全施工及环境保护要求和有关规定为依据进行测定。

编制补充定额时，一般要经过以下步骤：

第一，分析图纸资料，明确施工工艺要求和质量标准，确定补充定额的子目名称。

第二，划分施工工序，确定补充定额项目的工作内容。

第三，确定补充定额的计量单位。

第四，根据图纸和资料，计算补充定额项目的工程数量。

第五，根据子目划分原则和综合误差进行子目平衡。

第六，计算补充定额项目的人工、材料、机械台班消耗数量。

第七，计算补充定额基价。

第八，整理出补充定额成果表、写出说明。

四、公路工程机械台班费用定额

（一）机械台班费用定额的概念

机械台班费用定额是指在一个台班中，为使机械正常运转需要支出和分摊的折旧、维修、安装拆卸、辅助设施及人工、动力燃料、养路费、车船税等各项费用消耗的标准，即确定机械台班单价的定额。机械台班费用定额由不变费用和可变费用共七项组成。

（二）机械台班费用定额的作用

机械台班费用定额是公路预算定额和概算定额的配套定额，是编制公路基本建设工程设计概算和施工图预算的依据，在公路基本建设过程中具有很重要的作用。

1. 机械台班费用定额是确定机械台班单价的依据。

可直接从"机械台班费用定额"中查出机械台班单价，或用不变费用+可变费用计算机械台班单价。

2. 机械台班费用定额是计算台班消耗的人工、燃料等实物量的依据。

可以根据机械台班费用定额分析统计机械所消耗的各种物资（人工、材料、机械等）的实物量。

3. 机械台班费用定额是编制施工组织设计，进行经济比较的依据。

第二节　路面工程计价

一、基本问题

（一）路面工程主要构造

路面按其组成的结构层次从下至上可分为垫层、基层和面层。

1. 垫层

垫层是设置在土基和基层之间的结构层。垫层一般应比基层每侧宽出 25 cm 以上或与路基同宽。其主要功能：①改善土基的温度和湿度状况，以保证路面层和基层的强度和稳定性，并不受冻胀翻浆的破坏作用；②能扩散由面层和基层传来的车轮荷载垂直作用力，减小土基的应力和变形；③阻止路基土嵌入基层中，使基层结构不受影响。

垫层根据选用的材料不同，分为透水性垫层和稳定性垫层。根据其设置目的和作用不同，又可细分为稳定层、隔离层、防冻层、防污层、整平层和辅助层。

透水性垫层是由松散的颗粒材料构成，如碎石、片石、块石、砂砾、砂、矿渣、卵石等。其对材料的强度要求不高，但水稳性、隔热性和吸水性一定要好。稳定性垫层是由整体性材料构成，如水泥稳定土、石灰、煤渣等无机结合料稳定土。

2. 基层

基层主要是承受由面层传来的车辆荷载垂直力，并把它扩散到垫层和土基中，是路面结构的承重层。基层要求有足够的强度、刚度、平整度、水稳定性。

基层由一层或数层组成，上层称表基层或上基层，下层称底基层或下基层。路面的基层（底基层）可分为结合料稳定类和粒料类。

（1）结合料稳定类基层

在各种粉碎或原状松散的土、碎（砾）石、工业废渣中，掺入适当数量的无机结合料（如水泥、石灰或工业废渣等）和水，经拌和得到的混合料在压实与养生后，其抗压强度符合规定要求的材料称为无机结合料稳定类混合料，以此修筑的路面基层称为无机结合料稳定基层。无机结合料稳定类刚度介于柔性路面材料和刚性路面材料之间，常称之为半刚性材料。以此修筑的基层或底基层亦称为半刚性基层或半刚性底基层。在我国已建成的城市道路、高速公路和一级公路中，大多数路面采用了这种基层，一般包括水泥稳定类、石灰稳定类和综合稳定类。下面以水泥稳定土为例介绍：

水泥稳定土基层（底基层）：在粉碎的土或原状松散的土（包括各种粗、中、细粒土）中，掺入适量的水泥和水，按照技术要求，经拌和摊铺，在最佳含水量下压实及养生成型，其抗压强度符合规定要求，以此修建的路面基层称为水泥稳定类基层（底基层）。它包括水泥土、水泥砂砾、水泥稳定碎石等。水泥稳定土的强度随水泥剂量的增加而增长，但水泥用量过多，会不经济，易开裂，水泥剂量为 4%~8% 较为合理，具体应经试验确定。混合料须拌和均匀并充分压实，湿法养生，养生温度愈高，强度增长得愈快。

（2）粒料类基层（底基层）

粒料类包括级配碎（砾）石、填隙碎石、泥（灰）结碎石和天然砂砾（石）。粒料类中的泥（灰）结碎石、填隙碎石属于嵌锁型基层（底基层），强度主要依靠碎石之间的嵌锁和摩阻作用所形成的内摩阻力及黏结力保证，其强度和稳定性取决于石料的强度、形状、尺寸、均匀性、表面粗糙度及施工时的压实程度等；粒料类中的级配碎（砾）石、符合级配的天然砂砾属于级配型基层（底基层），其强度和稳定性取决于粒料之间的内摩阻力和黏结力的大小，即在很大程度上取决于碎（砾）石的类型、最大粒径、细料的含量及塑性指数和密实度等。

3. 面层

面层是修筑在基层上的表面层次，保证汽车以一定的速度安全、舒适而经济地运行。要求有较高的结构强度、刚度和稳定性，而且应耐磨、不透水，其基表面还应有良好的抗滑性和平整度。

（1）沥青路面类型

沥青路面的类型，主要有沥青混凝土、沥青玛蹄脂碎石、沥青贯入式、沥青表面处治等，在沥青面层间还有透层、黏层、封层等相关结构。

①沥青混凝土：沥青和级配矿料（粗集料、细集料、填料）拌和形成的较密级配混合料。

按摊铺时的温度可分为热拌热铺和热拌冷铺沥青混凝土；按路面的结构形式可分为单层式、双层式和三层式；按矿料最大粒径分为粗粒式（25 mm、35 mm，表示为 AC-25、AC-30）、中粒式（16 mm、19 mm，表示为 AC-16、AC-20）、细粒式（10 mm、13 mm，表示为 AC-10、AC-13）、砂粒式（最大公称粒径为 5 mm，表示为 AC-5）；另外，还有一种抗滑表层，其最大公称粒径为 13 mm 或 16 mm，表示为 AK-13、AK-16。

沥青混凝土面层宜采用双层式结构，下层采用粗粒式或中粒式沥青混凝土，上层采用中粒式或细粒式沥青混凝土。对于高速公路，也可采用三层式结构。

②沥青玛蹄脂碎石混合料：由沥青结合料量与少量的纤维稳定剂、细集料及较多量的填料（矿粉）组成的沥青玛蹄脂，填充于间断级配的粗集料骨架的间隙，组成一体形成的沥青混合料，简称 SMA。其特点是粗集料多、矿粉多、沥青多、细集料少。

纤维稳定剂宜选用木质素纤维、矿物纤维等，矿物纤维宜选用玄武岩等矿石制造。纤维稳定剂的掺加比例以沥青混合料总量的质量百分比计算，通常情况下用于 SMA 路面的木质素纤维不宜低于 0.3%，矿物纤维不宜低于 0.4%，必要时可适当增加纤维用量。

③沥青贯入式路面：是在初步压实的碎（砾）石上，用沥青浇灌，再分层撒铺嵌缝料和浇洒沥青，并通过分层压实而形成的一种较厚的路面面层，其厚度通常为4~8 cm。

沥青贯入式路面根据沥青材料贯入深度不同可分为深贯入式（6~8cm）和浅贯入式（4~5 cm）。

沥青贯入式路面强度高、稳定性好、施工简便、不易产生裂缝，但沥青材料散布在矿料中不易均匀，因此，强度不均匀。为了防止表面水的渗入，须加封层密闭表面空隙，以增强路面的水稳性和耐用性。如果封层采用拌和法施工，则其下部宜采用贯入法，常称为沥青上拌下贯式路面，其厚度一般为 5~8 cm。

④沥青表面处治：是用沥青裹覆矿料，铺筑厚度小于 3 cm 的一种薄层路面面层。沥青表面处治的作用是保护下层路面结构层，防水、抗磨耗、防滑和改善碎砾石路面的使用品质。为保证矿料间良好的嵌挤作用，同一层的矿料颗粒尺寸应力求均匀，最大粒径应与表处层的厚度相同，且所用沥青须有一定的稠度。

⑤透层：为使沥青面层与非沥青材基层结合良好，在基层上喷洒液体石油沥青、乳化沥青、煤沥青而形成的透入基层表面一定深度的薄层。

设置透层是为了增强沥青面层与非沥青材料基层的黏结性，减小基层的透水性；有时路面基层铺筑后，不能及时修筑面层且须开放交通时，也用透层做短期处理以保护基层。

沥青路面各类基层都必须喷洒透油层，基层上设置下封层时，透油层不宜省略。宜采用慢裂的洒布型乳化沥青（PC-2、PA-2）；也可采用中、慢凝液体石油沥青或煤沥青，用油量为 0.8~1.0 kg/m²，若须开放交通时，应增加用油量（约 1.3 kg/m²）。

⑥黏层：为加强路面沥青层及沥青层之间、沥青层与水泥混凝土路面之间的黏结而洒布的沥青材料薄层。在水泥混凝土路面、旧沥青路面及与新铺沥青混合料接触的路缘石、雨水进水口、检查井等的侧面，均应洒布黏层沥青，对于双层式或三层式热拌热铺沥青混合料路面，在铺筑上一层之前，如果其下面的沥青层表面已被污染，也须洒布黏层沥青。

宜采用快裂和中裂乳化沥青、改性沥青，也可采用快、中凝液体石油沥青，用油量在 0.4~0.6 kg/m²。所使用的基层基质沥青标号宜与主层沥青混合料相同。

⑦封层：为封闭表面空隙、防止水分浸入而在沥青面层或基层上铺筑的有一定厚度的沥青混合料薄层。修筑在沥青面层表面的称为上封层，铺筑在沥青面层下面、基层表面的称为下封层。

上封层用于空隙较大、透水严重的沥青面层；有裂缝或已修补的旧的沥青路面，须加铺磨耗层或保护层的改建沥青路面。上封层应视使用目的、路面的破损程度等选择乳化沥青稀浆封层、微表处、改性沥青集料封层、薄层磨耗层或其他适宜的材料。

下封层用于多雨地区且沥青面层空隙较大，渗水严重，在铺筑基层后，不能及时铺筑沥青面层，且须开放交通的情况。下封层宜采用层铺法处治或稀浆封层，下封层的厚度不宜小于 6 mm，且做到完全密水。

稀浆封层可用适当级配的石屑或砂、填料（水泥、石灰、粉煤灰、石粉等）与乳化沥青、外掺剂和水，按一定比例拌和而成的流动状态的沥青封层。稀浆封层厚度一般为 1.5~11 mm，我国常用的是 3~6 mm。

稀浆封层可采用乳化沥青或改性乳化沥青做结合料，如果采用改性乳化沥青稀浆封层，要求乳化剂能与沥青改性剂（如 SBS、EVA、PE 等）具有良好的配伍性；外加剂常用无机盐，有氯化钙、氯化镁、硫酸铝等；填料一般可用水泥、石灰粉、粉煤灰等小于0.074 mm粒径的粉料，这些粉料既可以填充空隙，提高封层的强度与耐磨性，又可以调整稀浆封层混合料的稠度、破乳速度和均匀性。

（2）水泥混凝土路面

①水泥混凝土的组成材料包括水泥、细集料（砂）、粗集料（碎、砾石）水及外加剂和钢筋（传力杆、拉杆及补强钢筋等）。目前，根据交通量的大小，水泥混凝土路面的面板厚度一般为18~24 cm，高等级公路已采用了25 cm的厚度，交通量很大的重交通道路的面板厚度为28~30 cm。路面结构采用水泥稳定粒料、水泥石灰稳定土等基层和多形式、多层次的稳定土底基层，路面总厚度为70~100 cm。当不设基层时，可设置整平层6~10 cm。

②为确保混凝土路面经久耐用，混凝土应有一定的抗压、抗折强度，一般抗压强度不低于30 MPa，抗折强度不低于4 MPa；粗集料的级配最大粒径应不大于40 mm，其级配可采用连续级配和间断级配，工程中一般采用工作性优良的连续级配，若为间断级配，应采用强力振捣；水灰比通常为0.5~0.55，当采用真空吸附方法时，水灰比可降到0.35~0.4；混凝土的含砂率一般为28%~33%。

③为改善混凝土的技术性质，在混凝土的制备过程中，常掺入一定量的流变剂、调凝剂和引气剂等外加剂。

第一，流变剂是改善新拌混凝土流变性能的外加剂，减水剂是常用的一种。加入适量的减水剂，可大大地改善新拌混凝土的工作性或显著降低水灰比，提高混凝土的强度和改善混凝土的抗冻、抗磨、收缩等性能。

第二，调凝剂是调节水泥混凝土凝结时间的外加剂，有早强剂、促凝剂、速凝剂和缓凝剂等。

早强剂是加速混凝土早期强度发展的外加剂，常用的有氯化钙和三乙醇复合早强剂。

促凝剂是缩短混凝土中的水泥浆从塑性状态到固体状态转化时间的外加剂。

速凝剂是使水泥混凝土迅速凝结和硬化的外加剂，可用于冬季施工。通常掺入量为水泥用量的2.5%~4.0%，初凝时间可在5 min之内，终凝时间在10 min之内。

缓凝剂是延缓水泥凝结时间的外加剂，常在气温较高时拌制混凝土使用。

引气剂能在混凝土中形成细小的、均匀分布的空气微泡，改善新拌混凝土工作性，减少泌水和离析，可缓冲硬化后混凝土的水分结冰膨胀作用，提高混凝土的抗冻性、抗渗性和抗蚀性。掺入量宜为水泥用量的0.005%~0.01%，并应经试验和实地试用后再确定是否适用。

例如：混凝土路面完工后，要经过2~3周的湿法养生才能开放交通，若须提前，则可加入早强剂，铺筑3~5 d后，即可开放交通；当采用干硬性混凝土时，须掺入减水剂，以改善其施工和易性。

（二）路面防排水

在公路建设中，为使渗入路面的表面水降至最小限度，及迅速地排除进入路面结构内的水分，所采用的设施主要由以下四部分组成：路面表面防排水、中央分隔带防排水、路面结构内部防排水、桥面防排水体系。

1. 路面表面防排水

路面表面防排水主要采用漫流排水方式和集中排水方式。路面表面的防排水设施由路拱横坡、路肩坡度和拦水带等组成。

在路线纵坡平缓、汇水量不大、路堤较低且边坡坡面不会受到冲刷的情况下，采用横向漫流的方式向坡面分散排除路面表面水。否则，在路肩外侧边缘设置拦水带，将路面表面水汇集在拦水带同路肩铺面组成的浅三角形过水断面或排水盲沟内，当硬路肩汇水量较大时，可在路肩上设置排水沟，在适当长度内设置泄水口配合急流槽将路面积水排除。

路堑横向排流的路面表面水汇集于边沟内，排出路基外。

2. 中央分隔带防排水

一般路段的中央分隔带排水系统的主要作用是排除中央分隔带范围内的表面渗水。中央分隔带内可设置纵向排水渗沟，并间隔 40~80m 设一横向排水管将渗沟内的水排引出路界，渗沟周围包裹反滤织物（土工布），以免渗入水携带的细粒将渗沟堵塞。渗沟上的回填料与路面结构的交界处铺设涂双层沥青火设防水土工布。中央分隔带排水系统主要由渗沟、渗沟内的集水管和每隔一定间距设置的横向排水管组成。

超高路段中央分隔带排水。高等级公路超高路段不允许上侧半幅路面的表面水横向漫流过下侧半幅路面。因此，超高路段的中央分隔带，除应具有一般路段中央分隔带应具有的功能和构造要求外，还应设置明沟拦截上侧半幅路面漫流过来的表面水。针对不同的中央分隔带形式，目前在高等级公路建设中主要采用以下几种方式：

（1）凸形中央分隔带

采取在中央分隔带路缘石外侧设置纵向格栅盖板沟，每隔一定间距设置集水井，并通过横向排水管将水排出路基范围之外。

（2）凹形中央分隔带

在中央分隔带内设置纵向格栅盖板沟，上侧半幅路面的表面水直接漫流入中央分隔带内的纵向沟，每隔一定间距设置集水井，通过横向排水管将水排出路基范围之外。

3. 路面结构内部防排水

路面内部排水设施的泄水能力应大于渗入路面结构内的水量，且下游排水设施的泄水能力应超过上游排水设施的泄水能力。

从路面结构本身入手，可以在表层、中间层和基层设置。如开级配透水性沥青混凝土表层、排水性土工织物中间层、透水性基层等，一般先通过竖向渗流进入排水层，然后横向渗流进入在边缘设置的纵向集水沟和排水管，由横向出水管引出路基。

4. 桥面防排水

桥面上应采用防、排结合的原则设置系统，竖向防止水渗入主体结构，横向把路面水和渗入水排除。

可以通过不透水或密实面层、防水层、防水混凝土阻隔渗水，通过桥面上设置纵坡、横坡汇集水流，通过泄水管等排出。

（三）施工方法

路面施工应做到现场规划，架设供电线路，设置料场、车场、搅拌站，选择机械和设备，平整场地，准备材料，保证材料运输道路安全畅通。搅拌场宜设置在摊铺路段的中间位置，内部布置应满足原材料储运、混合料运输、供水、供电、钢筋加工等使用要求，并尽量紧凑，减少占地。

路面的基层（底基层）面层施工中，根据混合料的拌和方式主要有路拌法和厂拌法，其摊铺方式有人工和机械两种。

1. 底基层、基层

（1）路拌法施工

路拌法是指采用人工或利用拖拉机或稳定土拌和机在路上（路槽中）或沿线就地拌和混合料的施工方法。路拌法施工仅适用于二级以下公路，其中二级公路应采用稳定土拌和机制备混合料；对于高速和一级公路，直接铺筑在土基上的底基层下层可以用稳定土拌和机进行路拌法施工。

（2）厂拌法施工

厂拌法是指采用拌和设备集中拌和混合料的施工方法。二级以上公路适用厂拌法。

拌和厂（场）应平整并具有足够的承载能力。高速公路和一级公路的拌和厂，场地应采用 C20 混凝土硬化，混凝土强度等级应不低于 C15 级，厚度应不小于 200 mm。

对高速公路和一级公路，应采用专用稳定材料拌和设备拌制混合料。稳定细粒材料集中拌和时，土块应粉碎，最大尺寸应不大于 15 mm。

无机结合料稳定中、粗粒材料的拌和生产设备应满足下列要求：

对高速公路和一级公路，混合料拌和设备的产量宜大于 500 t/h，水泥稳定材料从装车到运输至现场，时间宜不超过 1 h，超过 2 h 时应作为废料处置。

2. 沥青路面

沥青路面主要工序：施工前的准备工作、沥青混合料的拌和与运输、摊铺、压实。其要点如下：

（1）施工前准备

施工前的准备工作主要有料源的确定及进场材料的质量检验、机械选型与配套、拌和厂选择、修筑试验路段等项工作。

摊铺前准备好基层路面，数量应至少能满足一天的沥青路面施工。如配备搅拌设备拌和能力为 200 t/h、最大摊铺宽度为 12 m 的摊铺机，摊铺 12 m 宽、6 cm 厚的沥青路面时，预先准备的基层路面应在 1500 m 以上。

（2）沥青混合料的拌和

必须在沥青拌和厂（场、站）采用拌和机械拌制。拌和厂与工地现场距离应充分考虑交通堵塞的可能，确保混合料的温度下降不超过要求，且不致因颠簸造成混合料离析。

拌和厂应具有完备的排水设施，各种集料必须分隔贮存，细集料应设防雨顶棚，料场及场内道路应做硬化处理，严禁泥土污染集料。

沥青混合料可采用间歇式拌和机或连续式拌和机拌制。高速和一级公路宜采用间歇式拌和机，连续式拌和机使用集料必须稳定不变，一个工程从多处进料、料源或质量不稳定时，不得采用连续式拌和机。

拌和设备的选型及场地布置应根据工程量和工期选择生产能力和移动方式固定式、半固定式和移动式、固定式沥青混合料拌和厂，应根据设备的数量、工作时产生的粉尘与噪声、供电与供水及施工运输等条件选择厂址和确定场地面积。

（3）沥青混合料的运输

沥青混合料宜采用较大吨位的运料车运输，运料车的运力应稍有富余，施工过程中摊铺机前方应有运料车等候。对高速、一级公路，宜待等候的运料车多于 5 辆后开始摊铺。

（4）沥青混合料的摊铺

沥青路面不得在气温低于 10℃（高速和一级公路）或 5℃（其他等级公路），及雨天、路面潮湿的情况下施工。改性沥青混合料施工温度较普通沥青混合料提高 10℃～20℃，SMA 混合料施工温度应视纤维品种和数量、矿粉用量的不同，在改性沥青混合料的基础上适当提高。

热拌沥青混合料应采用沥青摊铺机摊铺，在喷洒有黏层油的路面上铺筑改性沥青混合料或 SMA 时，宜使用履带式摊铺机。铺筑高速公路、一级公路时，一台摊铺机的摊铺宽度为 6（双车道）～7.5 m（3 车道以上），通常宜采用两台或更多台数的摊铺机前后错开 10～20 m 成梯队方式同步摊铺。

沥青面层宜连续施工，摊铺速度宜控制在 2~6 m/min，对改性沥青混合料及 SMA 混合料宜放慢至 1~3m/min。摊铺机速度可由作业质量要求和搅拌站能力及贮存、运输能力等因素综合考虑，如 200 t/h 拌和站，配备 15 辆 17 t 自卸运料车，在一次摊铺宽度为 12 m、厚度为 5 cm 路面时，摊铺机的速度为 2.5 m/min 时铺筑效果比较理想。

（5）沥青混合料的碾压

沥青路面施工应配备足够数量的压路机，选择合理的压路机组合方式及初压、复压、终压、成型的碾压步骤，以达到最佳碾压效果。高速公路铺筑双车道沥青路面的压路机数量不宜少于 5 台，施工气温低、风大、碾压层薄时，压路机数量应适当增加。

二、清单编制

《计量规范》路面工程为 300 章，包括 301 通则，302 垫层，303 石灰稳定土底基层、基层，304 水泥稳定土底基层、基层，305 石灰、粉煤灰稳定土底基层、基层，306 级配碎（砾）石底基层、基层，307 沥青稳定碎石基层（ATB），308 透层和黏层，309 热拌沥青混合料面层，310 沥青表面处治与封层，311 改性沥青及改性沥青混合料，312 水泥混凝土路面板，313 培土路肩、中央分隔带回填土、土路肩加固及路缘石，314 路面及中央分隔带排水，315 其他路面，分为 15 节。清单分项及计算规则如下。

（一）通 则

301 节通则不计量支付。费用应包括在与其相关工程支付子目的单价或费率之中。

（二）路面垫层、底基层、基层

路面垫层、底基层、基层工程量计量规则见表 6-1、表 6-2。

表 6-1 路面垫层工程量清单计量规则

子目号	子目内容	单位	工作内容
302-1	碎石垫层		
-a	厚……mm	m²	①清理下承层、洒水
302-2	砂砾垫层		②材料检验、备料（拌和）运输
-a	厚……mm	m²	③摊铺、整形
302-2	水泥稳定土垫层		④碾压
-a	厚……mm	m²	⑤养护
302-2	石灰稳定土垫层		
-a	厚……mm	m²	

表 6-2 底基层、基层工程量清单计量规则

子目号	子目内容	单位	工作内容
303-1	石灰稳定土底基层		
-a	厚……mm	m²	
303-2	搭板、埋板下石灰稳定土底基层	m³	
304-1	水泥稳定土底基层		
-a	厚……mm	m²	
304-2	搭板、埋板水泥稳定土底基层	m³	
304-3	水泥稳定土基层		
-a	厚……mm	m²	
305-1	石灰粉煤灰稳定土底基层		
-a	厚……mm	m²	
305-2	搭板、埋板石灰粉煤灰稳定土底基层	m³	①清理下承层、洒水
305-3	石灰工业废渣稳定土基层		②材料检验、备料（拌和）运输
-a	厚……mm	m²	③摊铺、整形
306-1	级配碎石底基层	m²	④碾压
-a	厚……mm		⑤养护
306-2	搭板、埋板碎石底基层	m³	
306-3	级配碎石基层		
-a	厚……mm	m²	
306-4	级配砾石底基层		
-a	厚……mm	m²	
306-5	搭板、埋板级配砾石底基层	m³	
306-7	级配砾石基层	m²	
-a	厚……mm		
307-1	沥青稳定碎石基层（ATB-25）		
-a	厚……mm	m²	
-b	厚……mm	m²	

　　路面主体垫层、底基层、基层工程量：按图示面积，按不同厚度以平方米计量。

　　路面主体垫层、底基层、基层工程量＝图示宽度×图示长度

　　搭板、埋板（底）基层工程量：按图示体积，按立方米计量。

　　搭板、埋板（底）基层工程量＝图示宽度×图示长度×图示厚度

　　放坡铺设的工程量按中截面面积计算，当遇到不规则形状时，按铺设的实际面积计算。

清单编制时应注意以下三点：

一是以平方米为单位时，材料配比、厚度等规格型号、做法不同时，分列清单；以立方米为单位时，材料配比不同时，分列清单。

二是石灰稳定土、水泥稳定土、石灰粉煤灰稳定土、石灰工业废渣稳定土等结合料稳定类垫层、基层、底基层稳定的土可以为细粒土、中粒土和粗粒土，如碎石、砂砾、碎石土、砂砾土等集料。如水泥稳定土基层子目可以根据项目情况分为水泥稳定砂砾、石屑、碎石等。

三是垫层、底基层、基层出现《公路工程标准施工文件》（2009 版）清单表没有的材料时，可补充清单。如垫层常用的还有矿渣、卵石、块石、风化料等。

（三）沥青路面面层

一是透层和黏层按图纸规定的或监理人指示的喷洒面积，经监理人验收合格，以平方米计量。个别特殊形状的面积，应采用适当的计算方法计量。除监理人另有指示外，超过图纸规定的计算面积均不予以计量。

二是热拌沥青混合料面层工程量：按图示平均面积，按粗、中、细粒式沥青混凝土和不同厚度分别以平方米计量。

三是沥青表面处治工程量：按图纸所示面积，按不同厚度分别以平方米计量。

四是封层工程量：按图纸所示面积，以平方米计量。

五是改性沥青混合料：按图纸所示，按不同厚度及实际摊铺的面积以平方米计量。

可见，透层、黏层、热拌沥青混合料面层、沥青表面处治、封层、改性沥青混合料面层的工程量（表 6-3 ~ 表 6-6）计算公式如下：

$$工程量 = 图示宽度 × 图示长度 \qquad （式6-2）$$

放坡铺设的工程量按中截面面积计算，当遇到不规则形状时，按铺设的实际面积计算。

表6-3　透层、黏层工程量清单计量规则

子目号	子目内容	单位	工作内容
308-1	透层	m²	①清理下承层 ②材料检验、备料、运输
308-2	黏层	m²	③洒油、撒矿料 ④养护

清单编制时应注意：应分别根据材料和用量的不同细分子目，分列清单。

表6-4　热拌沥青混合料面层工程量清单计量规则

子目号	子目内容	单位	工作内容
309-1	细粒式沥青混凝土		
-a	厚……mm	m²	①清理下承层、洒水
-b	厚……mm	m²	
309-2	中粒式沥青混凝土		②材料检验、配制（拌和>运输）
-a	厚……mm	m²	③摊铺、整形
-b	厚……mm	m²	④碾压
309-3	粗粒式沥青混凝土		⑤养护
-a	厚……mm	m²	
-b	厚……mm	m²	

清单编制时应注意：沥青混凝土种类、掺和料、厚度等规格型号、做法不同时，分列清单。如热拌沥青混合料面层可分为密级配沥青混凝土混合料 AC-25、20、16、13、10、5。

表6-5　沥青表面处治、封层工程量清单计量规则

子目号	子目内容	单位	工作内容
310-1	沥青表面处治		①清理下承层
-a	厚……mm	m²	②材料检验、加热、备料、运输
-b	厚……mm	m²	③洒油、撒矿料、碾压
310-2	封层	m²	④养护

清单编制时应注意：沥青表面处治材料品种、厚度等规格型号、做法不同时，分列清单；封层修筑部位、材料品种、厚度等规格型号、做法不同时，分列清单。

表6-6　改性沥青混合料面层工程量清单计量规则

子目号	子目内容	单位	工作内容
311-1	细粒式改性沥青混合料路面		
-a	厚……mm	m²	
-b	厚……mm	m²	①清理下承层、洒水
311-2	中粒式改性沥青混合料路面		②材料检验、备料（拌和）、运输
-a	厚……mm	m²	③摊铺、整形
-b	厚……mm	m²	④碾压
311-3	SMA 路面		⑤养护
-a	厚……mm	m²	
-b	厚……mm	m²	

清单编制时应注意：沥青混凝土种类、掺和料、厚度等规格型号、做法不同时，分列清单。如 SMA 路面（沥青玛蹄脂碎石混合料）可分为 SMA-20、16、13、10。

（四）水泥混凝土面层

水泥混凝土路面板：按图示面积，按不同品种和强度，分不同厚度以平方米计量。

水泥混凝土路面板工程量=图示宽度×图示长度

当遇到不规则形状时，按铺设的实际面积计算（表 6-7）。

钢筋：水泥混凝土路面的补强钢筋及拉杆、传力杆等钢筋按图纸所示，以千克计量，因搭接而增加的钢筋不予计入。

钢筋工程量=图示长度×钢筋每米单位重量

表 6-7 水泥混凝土面层工程量清单计量规则

子目号	子目内容	单位	工作内容
312-1	水泥混凝土路面板		
-a	厚……mm（混凝土弯拉强度……MPa）	m²	①清理下承层 ②模板制作、安装、拆除 ③混凝土拌和、运输、浇筑、抹平 ④拉毛
-b	厚……mm（混凝土弯拉强度……MPa）	m²	⑤压（刻）纹 ⑥伸缝、缩缝 ⑦锯缝、嵌缝 ⑧路面养生
312-2	钢筋		
-a	HPB235	kg	①补强钢筋制作安装
-b	HRB335	kg	②拉杆、传力杆制作安装

清单编制时应注意：水泥混凝土路面板混凝土品种、强度等级、掺和料、厚度等规格型号、做法不同时，分列清单。如水泥混凝土路面板根据水泥混凝土品种不同，常用的有普通水泥混凝土、纤维水泥混凝土、碾压水泥混凝土等。

（五）培土路肩、中央分隔带回填土、土路肩加固及路缘石

培土路肩、中央分隔带回填土工程量：按压实后工程数量，以立方米为单位计量。

培土路肩、中央分隔带回填土工程量=宽度×长度×厚度

水泥混凝土加固土路肩（现浇、预制块）工程量：沿路肩表面量测长度，按不同规格型号以延米为单位计量（表6-8）。

路缘石：按图示的长度现场量测，以延米为单位计量。

水泥混凝土加固土路肩、路缘石工程量＝长度

表6-8　培土路肩、中央分隔带回填土、土路肩加固及路缘石工程量清单计量规则

子目号	子目内容	单位	工作内容
313-1	培土路肩	m³	①修筑 ②夯实
313-2	中央分隔带回填土	m³	
313-3	现浇混凝土加固土路肩（厚……mm）	m	①模板制作、安装、拆除 ②基槽开挖与回填、夯实 ③混凝土拌和、运输、浇筑、养生 ④接缝
313-4	混凝土预制块加固土路肩（厚……mm）	m	①基槽开挖与回填、夯实 ②垫层 ③预制块预制、运输、铺砌 ④接缝
313-5	混凝土预制块路缘石	m	①基槽开挖与回填、夯实 ②垫层铺筑 ③预制块预制、运输、铺砌 ④接缝

清单编制时应注意：材料品种、尺寸等规格型号不同时，分列清单。

（六）路面及中央分隔带排水

路面和中央分隔带排水工程包括纵、横、竖向排水管，渗沟、缝隙式圆形集水管、集水井、路肩排水沟和拦水带等结构物。

清单编制时应注意以下内容：

第一，各项内容可以根据材质和规格的不同，补充清单；当表中没有合适内容，放入其他节也不合适时，可以向下补充新的节内容。如中央分隔带纵向雨水沟（管）常用的有现浇混凝土、预制安装混凝土雨水沟等；中央分隔带集水井常用的有现浇、预制安装、砖砌、石砌集水井等；中央分隔带渗沟常用的有 PVC－U 管式渗沟、高密度聚乙烯管（HDPE）等。

第二，公路标准文件中渗沟以米为单位计量，渗沟中的土工布不另计量，包含在渗沟单价中。但由于尺寸、形状、用料等不同，计算时常采用分部位计量列方便。一般主体以体积计量，其他部位根据特点分别采用合适单位计量。

随着公路修建里程的增长，路面形式也越来越多，工作中可以根据项目情况补充清单。可补充在相关节内容中，也可以单独补充节。如可补充 315 节其他路面、沥青贯入式碎石路面（石油沥青、乳化沥青）、上拌下贯式沥青碎石路面（石油沥青、乳化沥青）、天然砂砾路面、级配碎（砾）石路面、粒料改善土路面、泥结碎（砾）石路面、整齐块石路面（水泥混凝土预制块、砖块、块石）、半整齐块石路面（粗凿块石）、不整齐块石路面（拳石、手摆片石）等。

三、定额计算规则

（一）路面工程

1. 路面基层及垫层说明

①各类稳定土基层、级配碎石、级配砾石基层的压实厚度在 15 cm 以内，填隙碎石一层的压实厚度在 12 cm 以内，垫层、其他种类的基层和底基层压实厚度在 20 cm 以内，拖拉机、平地机和压路机的台班消耗按定额数量计算。如超过上述压实厚度进行分层拌和、碾压时，拖拉机、平地机和压路机的台班消耗按定额数量加倍计算，每 1000 m² 增加 3 个工日。

②各类稳定土基层定额中的材料消耗系按一定配合比编制的，当设计配合比与定额标明的配合比不同时，有关材料可按下式进行换算：

$$C_i = [C_d + B_d \times (H_1 - H_0)] \times \frac{L_i}{L_d} \qquad \text{（式6-3）}$$

式中：C_i——按设计配合比换算后的材料数量；

C_d——定额中基本压实厚度的材料数量；

B_d——定额中压实厚度每增减 1 cm 的材料数量；

H_0——定额的基本压实厚度；

H_1——设计的压实厚度；

L_d——定额标明的材料百分率；

L_i——设计配合比的材料百分率。

2. 路面面层说明

①泥结碎石、级配碎石、级配砾石、天然砂砾、粒料改善土壤路面面层的压实厚度在15cm 以内，拖拉机、平地机和压路机的台班消耗按定额数量计算。如超过上述压实厚度进行分层拌和、碾压时，拖拉机、平地机和压路机的台班消耗按定额数量加倍计算，每1000m² 增加 3 个工日。

②泥结碎石及级配碎石、级配砾石面层定额中，均未包括磨耗层和保护层，需要时应按磨耗层和保护层定额另行计算。

③沥青表面处治路面、沥青贯入式路面和沥青上拌下贯式路面的下贯层及透层、黏层、封层定额中已计入热化、熬制沥青用的锅、灶等设备的费用，使用定额时，不得另行计算。

④沥青碎石混合料、沥青混凝土和沥青碎石玛蹄脂混合料路面定额中，均已包括混合料拌和、运输、摊铺作业时的损耗因素，路面实体按路面设计面积乘以压实厚度计算。

⑤沥青路面定额中均未包括透层、黏层和封层，需要时可按有关定额另行计算。

⑥沥青路面定额中的乳化沥青和改性沥青，均按外购成品料进行编制；如在现场自行配制时，其配制费用计入材料预算价格中。

⑦如沥青玛蹄脂碎石混合料设计采用的纤维稳定剂的掺加比例与定额不同时，可按设计用量调整定额中纤维稳定剂的消耗。

⑧沥青路面定额中，均未考虑为保证石料与沥青的黏附性而采用的抗剥离措施的费用，需要时，应根据石料的性质，按设计提出的抗剥离措施，计算其费用。

⑨在冬五区、冬六区采用层铺法施工沥青路面时，其沥青用量可按定额用量乘以下列系数：沥青表面处治1.05；沥青贯入式基层1.02；面层1.028；沥青上拌下贯式下贯部分1.043。

⑩本定额系按一定的油石比编制的。当设计采用的油石比与定额不同时，可按设计油石比调整定额中的沥青用量。换算公式如下：

$$S_i = S_d \times \frac{L_i}{L_d}$$ （式6-4）

式中：S_i ——按设计油石比换算后的沥青数量；

S_d ——定额中的沥青数量；

L_d ——定额中标明的油石比；

L_i ——设计采用的油石比。

3. 路面附属工程说明

①整修和挖除旧路面按设计提出的需要整修的旧路面面积和需要挖除的旧路面

体积计算。

②整修旧路面定额中，砂石路面均按整修厚度 6.5 cm 计算，沥青表处面层按整修厚度 2 cm 计算，沥青混凝土面层按整修厚度 4 cm 计算，黑色路面基层的整修厚度均按 6.5 cm 计算。

③硬路肩工程项目，根据其不同设计层次结构，分别采用不同的路面定额项目进行计算。

④铺砌水泥混凝土预制块人行道、路缘石、沥青路面镶边和土硬路肩加固定额中，均已包括水泥混凝土预制块的预制，使用定额时不得另行计算。

（二）定额运用的注意事项

路面工程计价时应该注意一些常见数据及厚度、配合比等套用和换算，还要特别注意辅助工程量确定、路面工程量的分解和自定，这些内容往往对定额正确套用影响很大。

1. 厚度

①路面项目中的厚度均为压实厚度。

路面各层实体＝定额面积×压实厚度

②同一层厚度不同时的换算，分层拌和、碾压时的换算。

2. 配合比

混合料配合比、路面材料油石比可按设计调整；SMA 稳定剂可按设计调整，定额中为木纤维。调整材料数量的基础数据见《预算定额》。

3. 辅助工程量取定原则

在编制路面工程造价时，辅助工程量的取定，应符合项目的实际情况并考虑分标段的要求。需要确定以下要素：厂拌各类混合料路面拌和设备的安装、拆除，场地修建及混合料的运输等数量和费用。

（1）拌和设备

①拌和设备位置、型号及数量确定：应根据施工组织设计考虑拌和厂的位置、型号、数量，确定路面工程中的稳定土厂拌设备、沥青混合料拌和设备、混凝土搅拌站（楼）设备的安装和拆除。一般需要根据工期、拌和设备的功率、生产效率、场地情况等确定。每一路面标段一般可以计列一套设备，但是如果工程数量太少，不经济时，也可以几个标段一起合用。

②拌和设备型号、数量的定额调整：采用相应的定额计算厂拌基层（底基层）稳定土混合料的定额是按拌和能力为 300 t/h 的拌和设备编制的，拌和设备不同时，按定额要求做调整：可按《预算定额》中"不同生产能力拌和设备定额消耗数量调整表"中的数据

调整定额中人工、装载机和拌和设备的消耗数量。

（2）混合料运输距离、运费

当混合料集中拌和时，就会产生将拌制好的混合料运至施工现场的环节，一种材料如有两个以上的供应点时，应根据不同的运距、运量、运价采用加权平均的方法计算运费。设计有多种铺筑厚度时，可能对混合料运输费用产生较大影响时，应分别按不同厚度起终点确定其运距、运量，作为计算依据。但往往同一路段的同一层次铺筑厚度变化不大，且厚度与长度相比数量也较小，对运费的影响较小，实际操作为简化计算，常不考虑厚度的不同。

混合料平均运距计算，主要有三步：确定公路沿线同一材料在多料场供应条件下相邻料场间经济供应的分界点（相邻两料场间经济分界点）；计算每个料场在供应范围内材料平均运距；计算全线多料场供应的加权平均运距。

①相邻料场间经济供应的分界点：当公路工程沿线有若干个同种材料的供应点（料场），则两相邻料场间可以确定一个经济分界点。经济分界点的确定原则：当两个料场材料单价相同时，其分界点与前、后两料场的距离相等。根据经济分界点的概念，可得出如下关系：

$$\begin{cases} b_1 + a_1 = b_2 + a_2 \\ a_1 + a_2 = A \end{cases} \quad (式 6\text{-}5)$$

式中：b_1——1 号料场至公路的间距，即 1 号料场的上路距离；

$\quad\quad b_2$——2 号料场至公路的间距，即 2 号料场的上路距离；

$\quad\quad a_1$——1 号料场上路桩号至大桩号方向经济分界点的间距；

$\quad\quad a_2$——2 号料场上路桩号至小桩号经济分界点的间距；

$\quad\quad A$——两料场上路点间的距离。

当 K_2 桩号大于 K_1 桩号时，两料场的经济分界点 KQ 的里程可按下式计算：

$$K = K_1 + a_1 = K_2 - a_2 \quad (式 6\text{-}6)$$

式中：K_1——1 号料场的上路桩号；

$\quad\quad K_2$——2 号料场的上路桩号；

$\quad\quad K$——经济分界点桩号；

$\quad\quad a_1$——1 号料场上路桩号至大桩号方向经济分界点的间距；

$\quad\quad a_2$——2 号料场上路桩号至小桩号经济分界点的间距；

由经济分界点公式进一步推导得到：

$$\begin{cases} a_1 = [(b_2 - b_1) + A]/2 \\ a_2 = [A - (b_2 - b_1)]/2 \end{cases} \quad (式 6\text{-}7)$$

计算桩号时应注意：路线起、终点至最近料场上路桩号的范围内，其起、终点即为经济分界点（自然分界点），不必计算。

4. 其他常见数据及换算

（1）垫层材料的消耗量标准确定

垫层是一种单一的材料结构，按压实系数确定。各种材料压实系数见《预算定额》，其计算公式如下：

$$C = 1000HK(1 + P) \qquad (式6-8)$$

式中：C ——每 1000 m^2 定额材料消耗量（m^3）；

　　　H ——设计路面垫层的压实厚度（m）；

　　　K ——相应材料的压实系数；

　　　P ——相应材料的场内运输及操作损耗（%），见《预算定额》。

当采用《预算定额》以外的，可参照类似路面垫层定额的压实系数，也可根据现场材料试验测定的压实系数计算。

（2）路面基层、面层混合料材料消耗定额测算通用公式

$$C_d = \frac{F \times H_0 \times \gamma_{混} \times L_i}{\sum_{i=1}^{n} L_i \times \gamma_{松}} \times (1 + i) \qquad (式6-9)$$

式中：C_d ——定额中基本压实厚度的材料数量；

　　　F ——定额计量单位（1000m^2）；

　　　H_0——定额的基本压实厚度（cm）；

　　　L_i ——设计配合比材料百分率；

　　　$\gamma_{混}$ ——路面压实混合料干密度（t/m^3），由《预算定额》查得；

　　　$\gamma_{松}$ ——路面材料松方干密度（t/m^3），由《预算定额》查得；

　　　$\sum_{i=1}^{n} L_i$ ——设计配合比材料百分率之和，即 100；

　　　i ——材料场地运输及操作损耗（%），由《预算定额》查得。

该公式的特点是可以直接求得各种路面材料的定额消耗量，而前面提到的公式 $C_i = [C_d + B_d \times (H_1 - H_0)] \times \dfrac{L_i}{L_d}$ 则必须知道定额中的基本压实度的材料数量 C_d 和 B_d 才能算得实需定额值。

（3）基层材料的消耗量标准确定

基层有结合料稳定类整体型和粒料嵌锁型、级配型两大类。消耗量按压实混合料干密度、松方干密度等考虑，除了使用路面混合料定额消耗量通用公式，在路拌法水泥稳定土基层定额中，当已知水泥剂量时，其计算公式如下：

$$水泥用量 = 混合料体积 \times 混合料压实干密度 \times \frac{水泥剂量}{1 + 水泥剂量} \times$$

$$(1 + 场内运输及操作损耗率)$$

$$集料数量 =$$

$$\frac{[混合料体积 \times 混合料压实干密度 \times (1 + 场内运输及操作损耗率) - 水泥用量]}{材料松方干密度 \times 集料配合比之和} \times$$

$$所占配合比 \qquad\qquad (式6-10)$$

5. 路面工程量的分解和自定

路面工程量设计一般只列出路面各层结构的面积数量,这些数量经过单位的换算后有些是可以直接采用的(如封层、稳定土路拌施工等),有些工程量则必须经过分析、分解和自定。在计价时应根据工艺性质、设计说明、详图等确定工程数量,避免漏列。

第七章　计量与支付

第一节　工程计量

一、计量与支付概述

工程计量与支付又称项目结算，是监理人依据合同双方约定的计量支付条款及有关规定，对承包商符合要求的已完工程数量，进行计量、计价并报发包人审批支付的过程，是承包商、监理人和发包人共同参与完成的工作。

（一）计量与支付的内容

工程计量与支付包括确定已完工程造价（计量、计价）和费用支付两大内容。具体包括：台账管理、工程计量、价款确定、费用支付和监督管理。

（二）计量支付工作流程

计量支付一般程序如下：

一是承包人计量填写"中间计量表"。

二是监理人工程量审核、签认"中间计量表"。

三是承包人编制月支付申请报表、计量支付报表。

四是监理人审核、签认"月支付申请报表""月支付报表"，并报送发包人。

五是发包人审核、签认"月支付申请报表""月支付报表"。

六是发包人办理支付。

（三）计量支付审查要求

一是计量支付报表格式和内容、所用软件，应满足合同规定及监理人的要求。

公路工程计量支付实行标准化、信息化管理，计量支付文件的编制应当符合表格样式及要求，所采用的计量支付软件应当通过省级交通运输行政主管部门鉴定。

二是相应的系列计算清单齐全、完整，相互关系完整。

三是质量证明附件有监理人签字认可。

四是计算准确，无遗漏、重复。

二、工程计量的内容

工程计量是对承包人符合要求的已完工程，按合同规定的计量方式与方法，进行测量、计算、核查和确认其工作量（工程量）的过程。

（一）任务和范围

工程计量的任务是确定实际工程数量是多少。

工程量清单中开列的工程量是根据本工程的设计提供的预计工程量，不能作为承包人在履行合同义务中应予完成的实际和准备的工程量，因此计量范围应为：工程量清单及修订的工程量清单的内容和合同文件规定的各项费用。

（二）计量的要求

一是准确：计量结果是按照规定的计量方法和工程计量规则得出的，使已完工程的实际数量得到正确的确定。

二是真实：计量的工程没有质量不合格的，没有重复计量，隐蔽工程没有弄虚作假，工程量没有虚报。

三是合法：计量是按照规定和合法程序进行的。

四是及时：计量按照合同规定的时间进行。

（三）工程计量的条件

工程计量必须达到以下条件才可以计量。

1. 计量的项目应符合合同要求

也就是说计量的内容、程序、时间和方法都要按照合同规定。

①不符合合同文件要求的工程，不得计量。

②按合同文件所规定的程序、时间、方法、范围、内容、单位计量。

清单中的工程子目（包括没有写单价的项目）、合同中规定的项目（包干项目）、工程变更子目、索赔等，都要按合同规定计量。

2. 质量必须达到合同规范标准的要求

达到质量合格（或合同规定的要求）的工程，才能计量。

3. 验收手续和资料必须齐全

要计量的工程从开工到转交工的资料必须齐全，才能计量，凡是与工程计量有关的凭证，承包人均应提交驻地监理人办公室审核。主要有以下内容：

①单位、分部、分项工程划分。

②"中间计量表"。

③"分项工程开工申请批复单"。

④"检验申请批复单"及有关自检材料，自检资料、试验数据和频率符合合同规定。

⑤工程质量检验表及有关的质量评定意见。

⑥"工程变更令"。

⑦"中间交工证书""工程交工记录"。

（四）《公路工程标准施工招标文件》计量的规定

1. 计量单位

计量单位采用国家法定的计量单位。

2. 计量方法

公路工程量清单中的工程量计算规则应按行业标准《公路工程标准施工招标文件》的规定，并在合同中约定执行；工程的计量应以净值为准，除非项目专用合同条款另有约定。工程量清单中各个子目的具体计量方法按本合同文件技术规范中的规定执行。

3. 计量周期

除专用合同条款另有约定外，单价子目已完成工程量按月计量，总价子目的计量周期按批准的支付分解报告确定。

4. 单价子目的计量

①已标价工程量清单中的单价子目工程量为估算工程量，结算工程量承包人实际完成的，并按合同约定的计量方法进行计量的工程量。

②承包人对已完成的工程进行计量，向监理人提交进度付款申请单、已完成工程量报表和有关计量资料。

③监理人对承包人提交的工程量报表进行复核，以确定实际完成的工程量。对数量有异议的，可要求承包人按合同条款约定进行共同复核和抽样复测。承包人应协助监理人进行复核并按监理人要求提供补充计量资料。承包人未按监理人要求参加复核，监理人复核或修正的工程量视为承包人实际完成的工程量。

④监理人认为有必要时，可通知承包人共同进行联合测量、计量，承包人应遵照执行。

⑤承包人完成工程量清单中每个子目的工程量后，监理人应要求承包人派员共同对每

个子目的历次计量报表进行汇总，以核实最终结算工程量。监理人可要求承包人提供补充计量资料，以确定最后一次进度付款的准确工程量。承包人未按监理人要求派员参加的，监理人最终核实的工程量视为承包人完成该子目的准确工程量。

⑥监理人在收到承包人提交的工程量报表后的 7 d 内进行复核，监理人未在约定时间内复核的，承包人提交的工程量报表中的工程量视为承包人实际完成的工程量，据此计算工程价款。

⑦承包人未在已标价工程量清单中填入单价或总额价的工程子目，将被认为其已包含在本合同的其他子目的单价和总额价中，发包人将不另行支付。

单价子目的结算工程量是承包人实际完成，并按合同约定的计量方法进行计量的工程量。此部分工程的计量应划分工程计量单元。从工程质量检验、工程中间交工到工程中间计量都应按照"分项工程开工申请批复"和监理人指示单位、分部、分项工程划分进行。200 章至 700 章每单元计量一般不小于工程计量单元划分规定，实际工程量小于规定的一般完工后一次计量。

5. 总价子目的计量

除专用合同条款另有约定外，总价子目的分解和计量按照下述约定进行：

①总价子目的计量和支付应以总价为基础，不因其中的因素（物价波动引起的价格调整因素）而进行调整。承包人实际完成的工程量，是进行工程目标管理和控制进度支付的依据。

②承包人在合同约定的每个计量周期内，对已完成的工程进行计量，并向监理人提交进度付款申请单、专用合同条款约定的合同总价支付分解表所表示的阶段性或分项计量的支付性资料，及所达到工程形象目标或分阶段须完成的工程量和有关计量资料。

③监理人对承包人提交的上述资料进行复核，以确定分阶段实际完成的工程量和工程形象目标。对其有异议的，可要求承包人按约定进行共同复核和抽样复测。

④除按照约定的变更外，总价子目的工程量是承包人用于结算的最终工程量。

（五）计量程序

计量根据时间、要求不同，可分为中间计量与完工计量。计量程序是一项重证据的工作。只有通过程序，才能使此项工作的每一个环节有充足的证据，使每个证据合法化，才能使计量工作做到客观和公正。

1. 中间计量程序

中间计量是为期中支付进度款而进行的计量，一般要求在月底进行，经过有关程序确认承包商截至本月所完成的合格工程量，结果汇总于"中间计量证书"中。

（1）发出计量通知或提出计量申请

当工程达到规定计量的单位时，监理人应向承包人发出计量通知，或承包商向监理人提出计量申请。无论哪一方提出计量要求，双方必须派相关责任人员到现场进行计量，若不参加则认为单方面所做的计量工作是正确的。

（2）审查有关计量的文件资料

当承包人的已完工程须计量时，应准备好"开工申请批复单""检验申请批复单"及自检资料，工程质量检验表及中间交工证书等。监理人必须检查承包人为计量准备的有关资料，看其是否具备计量的基本条件，若发现问题或资料不全，应将有关资料退还给承包人，暂不进行计量。但在某些情况下，如可能发生费用索赔的，则可先计量但暂不予支付。

工程计量应以驻地监理人签发的"分项工程开工申请批复"为计量单元，但对部分工程也可视情况分次计量。

（3）填写、审核、签认中间计量表

按单元计量者，须经中间交工验收合格，并签发"中间交工证书"后方可填报"中间计量表"进行计量。如果分项单元施工工期较长，为了如实反映工程进度和加快资金周转，可对施工期较长的工程单元进行分次计量。

分次计量的工程，每次计量须在填"中间计量表"时注明"分次计量"，并附经驻地监理人签证的有关施工情况及质量证明资料，如分项工程开工申请批复单、工序检查记录等。当分项工程完工最后一次计量时，再填报"中间交工证书"。

中间计量表必须清楚真实地填写计量结果，经双方同意签字认可。对承包人在合同规定的时间内提出的异议，并将其认为不正确的计量部分的资料交给计量监理人，计量监理人应进一步检查计量记录。

填写"中间计量表"时，应明确写出工程名称、部位、起讫桩号、图号、中间交工证书编号。其中：起讫桩号为分桩工程量起讫桩号，计量时如为分段次计量或计量桩号未到起讫桩号，应在计算草图及说明一栏中注明实际计量起讫里程桩号；如包含原设计数量，图号填写设计编号或工程设计数量表编号；如为分次计量，交工证书编号栏中仅须注明"分次计量"。

在计算草图及说明一栏中，应形象、直观地描绘出计量工程的几何尺寸形状、标注出计量实体的实际尺寸和相关文字说明。其中：土石方工程的计量在计量过程中因计量里程长、断面尺寸变化大，可以只在该栏中注明起讫桩号、绘出典型断面，在计量表后附详细的土石方工程的计算表和相关施工抄平记录；挡土墙、路肩、路堤、护面墙的计量应在该栏中画出断面几何形状和注明实际尺寸、计量长度，并后附详细工程数量计算表；同一断面的排水沟、路基边沟等排水工程，计量时可只画出标准断面几何尺寸形状和标注尺寸，并注明计量起讫桩号和断面面积；对于构造较复杂的结构物，如斜交桥台、斜交涵台等，计量时要求绘出几何形状的非实体工程，应在该栏中对计量内容的完成情况、数量进行详细的文字说明，必要时还应附相应的计算表等说明。

在计算式一栏中应按照计量工程的实际情况列出详细的计算式，式中各数据必须与工程实际相符，计算结果真实；计量数量是以计算附表的形式得出，在该栏中应列出计算公式且公式中的尺寸代码所代表的数据在计算表中能查到；对于无法用计算式和计算公式得出的计量数量，必须在该栏中以文字的形式进行说明。

对一次完全计量的项目必须有"中间交工证书"；对分次完成计量的项目，最后一次完全计量必须有"中间交工证书"。

（4）最后填写、审核、签认中间计量证书

2. 完工计量

完工计量是竣工决算的依据，由于中间计量要求时间仓促，有些子目计量精度不高，同时，在中间计量时因各方意见不统一，部分细目仅按暂定的数量进行计量。

工程竣工后，为准确确定竣工造价，需要对中期计量进行最后审核与确定，作为竣工结算的依据。结果汇总于"完工计量证书"。

（六）工程计量的依据

计量的依据一般有质量合格证书、工程量清单前言，合同条款中的"计量支付"条款，技术规范中有关计量支付的内容（或独立的计量支付说明）和设计图纸及各种测量数据。

1. 质量合格证书

计量的基本条件和前提是质量合格，质量不合格的部分不予计量。所以只有签发了质量合格证书的工程内容，才能计量。

2. 清单前言和技术规范

清单前言和技术规范中的"计量支付"规定了清单中每一项目工程的计量方法，同时明确了工作内容和范围，这就是规定了单价的确定方法。

3. 设计图纸

工程量清单的数量是该工程的估算工程量，工程数量的确定需要图纸的几何尺寸、位置、标高等信息。

4. 测量数据

与计量有关的测量数据有：原始地面线高程的测量数据、土石分界线的测量数据、基础高程的测量数据、竣工测量数据等。

工程数量的确定，需要根据这些测量数据进行，测量数据的准确性严重影响计量结果的准确性。

（七）工程计量的方法

1. 均摊法

均摊法就是对清单中合同价按合同工期每月平均计量。

如为监理人提供宿舍，保养测量设备，保养气象记录设备，维护工地清洁和整洁等，这些项目都有一个共同的特点，即每月均有发生。

2. 凭据法

凭据法就是按照承包商提供的凭据进行计量支付，如建筑工程险保险费、第三方责任险保险费、履约保证金等项目，一般按凭据法进行计量支付。

3. 估价法

估价法多用于清单中购置仪器设备的项目。

4. 综合法

采用两种以上的方法称为综合法。如有的项目包括的工作内容既有每月发生的费用，又有购进材料设备的内容；还有些项目只有每月发生的项目，但每月发生的费用并不平衡；对这类项目的费用应当采用估价法和均摊法进行计量支付。

综合法，首先要确定购置费用在每月发生的比例，将清单项目中的金额分成购置费用和维修费用两部分，然后将购置费用按估价法计量支付，每月发生的维修费用按均摊法计量支付。对于每月发生的费用不平衡的项目，也需要确定特殊月份发生费用的比例，除特殊月份按其比例计量外，其他月份按均摊法计量。

5. 断面法

断面法主要用于计算取土坑和路基土方的计量。在土方施工前每 20m 测出一个地形断面，然后将设计断面画在地形断面上，每次计量时测出完成的路基顶高程，据此，在断面图上完成工程数量计算和确定。

6. 图纸法

按图纸计算，按图纸尺寸计算工程量。如钢筋混凝土的体积、钢筋长度及多数永久性工程都应按图纸法计量。

对于采用图纸法计算的项目，必须进行现场量测，目的是检查结构物几何尺寸的偏差是否在允许范围内，达到规范标准的项目或部位才能计量。

7. 分项计量法

分项计量法就是根据工序或部位将一个项目分成若干子项，对完成的各子项进行计量支付。各子项合计的支付金额应等于项目规定的总金额。

8. 现场记录法

根据现场记录计量，如计日工等。

第二节　工程支付与计量支付的管理

一、工程支付

（一）支付原则

工程支付：根据确认的工程（工作）量，按合同规定的价格及支付方法付款给承包人。支付是指对承包商应获得的款项予以确认并进行付款的过程。

1. 支付必须以工程计量为基础

没有准确的计量就没有准确的支付，计量是支付的基础。由于计量必须以质量合格为前提，工程费用支付必须严格检查，认真分析质量和计量，以确保费用支付准确可靠。

2. 支付必须以技术规范和报价清单为依据

（1）技术规范

在技术规范中对支付的工程子目都进行了划分，并对每一工程子目都有支付的规定，详细说明了各工程子目的工作内容及要求，明确了哪些内容不单独计量和支付，其价值排入哪个子目中。技术规范是作为控制价也是承包人报价时的指导文件和依据，也是监理人和发包人支付工程费用的指导文件和依据。进行工程费用支付时，必须认真细致地阅读、理解和运用。

（2）报价清单（已标价的工程量清单）

承包人的已标价工程量清单，是合同文件的重要组成部分，是费用支付的单价依据。一般报价清单中的单价是不能变动的，除非发生工程变更。

在支付时，报价清单中已有单价的，直接采用；没有单价时参照类似单价或报价水平确定新增单价。单价不管是直接采用还是参照新增，都要注意其内涵。单价的内涵一方面指费用构成，另一方面指单价中包含的工作内容。在公路中一般单价的费用采用全费用单价，包括直接费、间接费、利润和税金及合同中明示和暗示的一切责任和义务，这在工程量清单中有明确说明。

单价中包含的工作内容是指该子目包含的生产工序、准备与结束工作、所必需的生产条件和设施等，如有关的临时工程及必需的施工准备活动和其他必需的一些生产环节等。如桥梁工程的预制 T 梁混凝土，需要考虑拌和、预制、运输、安装的主要生产工序，还要考虑预制场地吊装设备等临时工程和设施，这些费用包括在预制 T 梁混凝土单价中，不能另外单独支付。又如，灌注桩长度清单的单价中，包含了钢护筒埋设、成孔、灌注混凝土、截桩头、超声波检测等工作内容，每项内容在支付费用时，必须等灌注桩完成规定内容，并达到设计规定的要求才能支付。

因此，支付工程费用时，必须将报价清单与技术规范联系在一起，确保支付准确。

3. 支付必须及时

支付是资金运动中的关键环节，而资金的本质特征之一就是时间价值。因此，资金运动的内在规律和特征，要求监理人按时签认和支付工程费用。

工程施工中需要准备大量的材料、机械和设备进场，还有人员进场，需要占用大量的资金。工程施工活动的这些特点决定了要按时进行支付，否则，不仅增加承包人垫付资金的压力，也无法保证进度和质量。

支付是发包人的主要合同责任，及时支付工程费用既是合同本身的要求，也是财务部门和银行结算的要求。

4. 支付必须以日常记录和合同条款为依据

合同工程以外的内容，是招标时难以准确估计的，往往只在合同条款中约定价款调整和支付的原则，如物价上涨、新的法规颁布、工程变更、索赔、计日工等支付内容。支付时必须将合同条款的原则与具体实施情况结合起来，依据开工报告、检验申请批复单、交工证书、会议纪要、现场签证、合同结算资料等日常记录，才能搞好这些支付工作。

5. 支付必须遵循严格的程序

为了确保支付的合理性和准确性，每个工程项目的合同文件都对支付程序做出了严格规定。这些程序规定了各项费用的支付条件、支付方法和申报、计算、复核、审批的具体要求，确保支付的质量。

（二）工程款支付规定

1. 工程进度付款

承包人先提交已完工程进度款支付申请，发包人签发进度款支付证书，再支付进度款。进度款支付比例，一般期中结算价款支付到总额的 60%~90%。

①付款周期同计量周期。

②进度付款申请单。

承包人应在每个付款周期末，按监理人批准的格式和专用合同条款约定的份数，向监理人提交进度付款申请单，并附相应的支付性证明文件。除专用合同条款另有约定外，进度付款申请单应包括下列内容：

第一，截至本次付款周期末已实施工程的价款。

第二，应增加和扣减的变更金额。

第三，应增加和扣减的索赔金额。

第四，应支付的预付款和扣减的返还预付款。

第五，应扣减的质量保证金。

第六，根据合同应增加和扣减的其他金额。

③付款证书和支付时间。

第一，监理人在收到承包人进度付款申请单及相应的支持性证明文件后的 14 天内完成核查，提出发包人到期应支付给承包人的金额及相应的支持性材料，经发包人审查同意后，同监理人向承包人出具经发包人签认的进度付款证书。监理人有权扣发承包人未按照合同要求履行任何工作或义务的相应金额。

如果该付款周期应结算的价款经扣留和扣回后的款项少于项目专用合同条款数据表中列明的进度付款证书的最低金额，则该付款周期监理人可不核证支付，上述款额将按付款周期结转，直到累计应支付的款额达到项目专用合同条款数据表中列明的进度付款证书的最低金额为止。

第二，发包人不按期支付的，按专用合同条款数据表中约定的利率向承包人支付逾期付款违约金。违约金计算基数为发包人的全部未付款额，时间从应付而未付该款额之日算起（不计复利）。

第三，监理人出具进度付款证书，不应视为监理人已同意、批准或接受了承包人完成的该部分工作。

第四，进度付款涉及政府投资资金的，按照国库集中支付等国家相关规定和专用合同条款的约定办理。

④工程进度付款的修正。

在对以往历次已签发的进度付款证书进行汇总和复核中发现错、漏或重复的，监理人有权予以修正，承包人也有权提出修正申请。经双方复核同意的修正，应在本次进度付款中支付或扣除。

2. 交工结算

（1）交工付款申请单

①承包人向监理人提交交工付款申请单（包括相关证明材料）的份数在项目专用合同条款数据表中约定。期限：交工验收证书签发后42 d内。

②监理人对交工付款申请单有异议的，有权要求承包人进行修正和提供补充资料。经监理人和承包人协商后，由承包人向监理人提交修正后的交工付款申请单。

（2）交工付款申请单及支付时间

①监理人在收到承包人提交的交工付款申请单后14 d内完成核查，提出发包人到期应支付给承包人的价款送发包人审核并抄送承包人。发包人应在收到后的14 d内审核完毕，由监理人向承包人出具经发包人签认的交工付款证书。监理人未在约定时间内核查，又未提出具体意见的，视为承包人提交的交工付款申请单已经监理人核查同意；发包人未在约定时间内审核又未提出具体意见的，监理人提出发包人到期应支付给承包人的价款视为已经发包人同意。

②发包人应在监理人出具交工付款证书后的14 d内，将应支付款支付给承包人。发包人不按期支付的，按约定，将逾期付款违约金支付给承包人。

③承包人对发包人签认的交工付款证书有异议的，发包人可出具交工付款申请单中承包人已同意部分的临时付款证书。存在争议的部分，按约定办理。

④交工付款涉及政府投资资金的，按约定办理。

根据公路工程专用合同条款公路工程中的交工、交工验收、交工验收证书是《公路竣（交）工验收办法》中的概念，分别与通用合同条款中"竣工""竣工验收工程接收证书"具有相同含义；竣工验收与通用合同条款中的"国家验收"一词具有相同含义。

3. 最终结清

（1）最终结清申请单

①承包人向监理人提交最终结清申请单（包括相关证明材料）的份数在项目专用合同条款数据表中约定；期限，缺陷责任期终止证书签发后28 d内。

最终结清申请单中的总金额应认为是代表了根据合同规定应付给承包人的全部款项的最后结算。

②发包人对最终结清申请单内容有异议的，有权要求承包人进行修正和提供补充资料，由承包人向监理人提交修正后的最终结清申请单。

（2）最终结清证书和支付时间

①监理人收到承包人提交的最终结清申请单的14 d内，提出发包人应支付给承包人的价款送发包人审核并抄送承包人。发包人应在收到后14 d内审核完毕，由监理人向承

包人出具经发包人签认的最终结清证书。监理人未在约定时间内核查，又未提出具体意见的，视为承包人提交的最终结清申请已经监理人核查同意；发包人未在约定时间内审核又未提出具体意见的，监理人提出应支付给承包人的价款视为已经发包人同意。

②发包人应在监理人出具最终结清证书后的 14 d 内，将应支付款支付给承包人。发包人不按期支付的，按约定，将使其付款违约金支付给承包人。

③承包人对发包人签认的最终结清证书有异议的，按约定办理。

④最终结清付款涉及政府投资资金的，按约定办理。

（三）支付分类

1. 按时间分类

支付按时间可分为前期支付、中期支付和最终支付。

（1）前期支付

前期支付主要有预付款、履约保函和保险费三种。其中预付款是由发包人提供给承包人的无息款项，按一定条件支付并扣回。

（2）中期支付

中期支付是指在工程进行过程中，根据承包人的申请按合同的规定，对承包人已完成的工程付款，主要包括：工程进度款、暂定金额、计日工、预付款、工程变更、保留金、索赔、价格调整、迟付款利息、对指定分包人的支付、合同中止后支付、工程交工支付等。期中支付必须与中间计量同时申报，中期支付按规定时间进行（最常见的是按月支付），由监理人开出中期支付证书来实施。

（3）最终支付

最终支付是指签发"工程缺陷责任终止证书"后，根据承包人的申请，按照合同规定，发包人与承包人之间的最后一次结算。监理人应确认承包人的遗留工程及缺陷工程已完成并达到规范标准后，签发最终支付证书。

2. 按支付内容分类

支付按支付内容可分为清单内的付款和清单外的付款，即清单支付和合同支付。费用支付主要有预付款、进度款、质量保证金、竣工结算和最终结清五种情况。

3. 按工程内容分类

支付按工程内容可分为路基工程、路面工程、桥梁涵洞工程、隧道工程等支付。

4. 按合同执行情况分类

支付按合同执行情况可分为正常支付和合同中止支付两类。

（四）支付项目

1. 清单支付项目

清单支付的分项原则：凡在工程费用预算时能比较准确地计算的工程子目和工作内容都应以物理单位和自然单位计量支付，而不太明确却可能发生的工程内容则使用计日工和暂定金额来计量支付。

（1）以物理单位计量支付的项目

工程量清单中的绝大部分工程内容是以物理单位计量支付的，是按单价子目计量支付的，其费用约占工程总费用的85%。

①支付条件是完成了技术规范和设计图纸所规定的工作内容，且质量合格，计量结果准确无误，按规定时间和程序上报。

②进度款支付：按每月实际工程量与已标价工程量清单列明的单价相乘计算。

如果某一项目是一次完成的，则一次计量支付完成，而如果分多次完成，则应在中间计量表上列出设计数量、上期累计完成数量和本期完成数量并附上计算公式和简图。

（2）以自然单位计量支付的项目

以自然单位计量支付的项目分为按项支付和按自然单位计价支付两种情形。

①按项支付项目

这类项目常以总额价的形式出现，按总价子目计量支付。总价子目进度款支付：按合同约定进度款分解支付，除变更内容外，以总价包干，子目的总价是承包人用于结算的最终工程量，如竣工文件、承包人驻地建设等。

第一，按合同约定的计量周期平均支付。

第二，按照各个总价项目、单价项目的完成金额与合同总金额的比例支付。

第三，按照各个总价项目组成的性质（如时间、与单价项目的关联性等）分解到计量周期中，与单价项目一起支付。

②按自然单位计价支付项目

这类项目是按单价子目进行计量支付，如桥梁支座以块计价、砍伐树木以棵计价等，都属于按自然单位计价支付项目。

（3）暂估价支付

①发包人在工程量清单中给定暂估价的材料、工程设备和专业工程属于依法必须招标的范围并达到规定的规模标准的，中标金额与工程量清单中所列的暂估价的金额差及相应的税金等其他费用列入合同价格。

②发包人在工程量清单中给定暂估价的材料、工程设备不属于依法必须招标的范围或

未达到规定的规模标准的，应由承包人按合同条款的约定提供。经监理人确认的材料、工程设备的价格与工程量清单中所列的暂估价的金额差及相应的税金等其他费用列入合同价格。

③发包人在工程量清单中给定暂估价的专业工程不属于依法必须招标的范围或未达到规定的规模标准的，应由承包人按合同条款变更估价原则估价，但专用条款另有约定的除外。经估价的专业工程与工程量清单中所列的暂估价的金额差及相应的税金等其他费用列入合同价格。

（4）计日工

监理人指令使用计日工时，承包人应每日填写有关该项工程的下列报表，一式两份送监理人审查。

①用工清单，包括人数、工种和工作时间。用于计日工的劳力，未经监理人同意不得加班。

②材料清单，包括材料名称、单位、单价和估算数量。未经监理人认可的材料不得使用。

③机械、设备清单，包括机械、设备类型、实际使用工时和单价。用于计日工的施工机械应由承包人提供，因故障或闲置的施工机械不支付费用。

④费用清单。监理人应根据合同中规定的费率，列出计日工劳务、材料和施工机械的费用清单，并附上证明材料价值的收据和凭证。

（5）暂列金额

①暂列金额应由监理人报发包人批准后指令全部或部分地使用，或者根本不予动用。

②对于经发包人批准的每一笔暂列金额，监理人有权向承包人发出实施工程或提供材料、工程设备或服务的指令。这些指令应由承包人完成，监理人应根据变更估价原则和计日工条款的规定，对合同价格进行相应调整。

③当监理人提出要求时，承包人应提供有关暂列金额支出的所有报价单、发票、凭证和账单或收据，除非该工作是根据已标价工程量清单列明的单价或总额价进行的估价。

2. 合同支付项目

虽然合同支付在工程费用支付中所占比重不大，但其灵活性比清单支付要大。合同支付项目包括预付款、保留金、工程变更、索赔费用、价格调整、拖期违约损失偿金、提前竣工奖金和迟付款利息等项。

（1）预付款

预付款包括开工预付款和材料、设备预付款。

①预付款的预付办法

第一，开工预付款的金额在项目专用合同条款数据表中约定。在承包人签订了合同协议书并提交了开工预付款保函后，监理人应在当期进度付款证书中向承包人支付开工预付款的 70% 的价款；在承包人承诺的主要设备进场后，再支付预付款 30%。

承包人不得将该预付款用于与本工程无关的支出，监理人有权监督承包人对该项费用的使用，如经查实承包人滥用开工预付款，发包人有权立即通过向银行发出通知收回开工预付款保函的方式，将该款收回。

第二，材料、设备预付款按项目专用合同条款数据表中所列主要材料、设备单据费用（进口的材料、设备为到岸价，国内采购的为出厂价或销售价，地方材料为堆场价）的百分比支付。

监理人应将此项金额作为材料、设备预付款计入下一次的进度付款证书中。在预计交工前三个月，将不再支付材料、设备预付款。

②预付款支付额度

支付额度：原则上预付比例为合同金额的 10%～30%。对重大工程项目，按年度工程计划逐年预付。常用以下几种方法确定：

第一，按合同中约定的比例。

第二，影响因素法。

$$工程预付款数额 = \frac{年度承包工程总值 \times 主要材料所占比重}{年度施工日天数} \times 材料储备天数$$

第三，额度系数法。

工程预付款数额 = 年度建筑安装工程合同价 × 预付款额度系数

③预付款保函

除项目专用合同条款另有约定外，承包人应在收到开工预付款前向发包人提交开工预付款保函，开工预付款保函的担保金额应与开工预付款金额相同。出具保函的银行须与有关要求相同，所需费用由承包人承担。银行保函的正本由发包人保存，该保函在发包人将开工预付款全部扣回之前一直有效，担保金额可根据开工预付款扣回的金额相应递减。

④预付款的扣回和还清

预付款的扣回：预付款应从每一个支付期应支付给承包人的工程进度款中扣回，至竣工之前全部扣清。

由发包人和承包人通过洽商用合同的形式予以确定。可以采用以下方式：

第一，等比率扣款的方式。

第二，等额扣款的方式。

第三，从未施工工程尚需的主要材料及构件的价值相当于工程预付款数额时扣起，从每次中间结算工程价款中，按材料及构件比重扣抵工程价款，至竣工之前全部扣清。

$$T = P - M/N \qquad (式 7-1)$$

式中：T——起扣点，即预付款开始扣回时的累计完成工作量（元）；

P——承包工程合同总额；

M——预付款数额；

N——主要材料及构件所占比重。

（2）保留金

保留金就是监理人根据合同条件的规定，从支付给承包人的付款中替发包人暂时扣留的一种款项。设置保留金的目的在于使承包人能完全履行合同，如果承包人未能履行合同中规定应承担的责任，则扣除额就成为发包人的财产，这是对发包人的一种保护措施。最基本的就是质量保证金，其他还有农民工工资保证金、审计预留金等。下面以质量保证金的支付规定做具体说明。

①监理人应从第一个付款周期开始，在发包人的进度付款中，按项目专用合同条款数据表规定的百分比扣留质量保证金，直至扣留的质量保证金总额达到项目专用合同条款数据表规定的限额为止。质量保证金计算额度不包括预付款的支付及扣回的金额。

②在合同约定的缺陷责任期满时，承包人向发包人申请到期应返还承包人剩余的质量保证金金额，发包人应在 14 d 内会同承包人按照合同约定的内容核实承包人是否完成缺陷责任。如无异议，发包人应当在核实后将剩余保证金返还承包人。

③在合同约定的缺陷责任期满时，承包人没有完成缺陷责任的，发包人有权扣留与未履行责任剩余工作所需金额相应的质量保证金余额，并有权根据合同中缺陷责任期的延长约定，要求延长缺陷责任期，直至完成剩余工作为止。

（3）工程变更费用

工程变更费用的支付依据是工程变更令和工程变更清单，支付方式采用列入"中期支付证书"的形式进行，支付货币与其他支付项目相同，即按承包人投标时所提出的货币种类和比例进行付款。

变更项目往往涉及费用的变化，需要进行变更的工程量核算和单价分析。

①工程量核算

变更工程量依据计量规范确定，通过准确计算工程量形成工程变更清单（修改的工程量清单），以此作为工程变更费用支付的基础。准确的工程数量可以从以下三方面获取：

设计图纸和合同文件及技术规范、监理人的记录、承包人提供的工程数量。

②单价分析

承包人变更报价内容应根据合同约定的变更估价原则，详细开列变更工作的价格组成及其依据，并附必要的施工方法说明和有关图纸。监理人根据合同约定的变更估价原则，与承包人商定或确定变更价格。

除专用合同条款另有约定外，因变更引起的价款调整按照以下约定处理：

第一，如果取消某项工作，则该项工作的总额价不予支付。

第二，已标价工程量清单中有适用于变更工作的子目的，采用该子目的单价。

第三，已标价工程量清单无适用于变更工作的子目，但有类似子目的，可在合理范围内参照类似子目的单价，由监理人按合同商定或确定变更工作的单价。

第四，已标价工程量清单无适用或类似子目的单价，可在综合考虑承包人在投标时所提供的单价分析表的基础上，由监理人按合同商定或确定变更工作的单价。

第五，如果本工程的变更指示是因承包人过错、承包人违反合同或承包人责任造成的，则这种违约引起的任何额外费用应由承包人承担。

一般情况变更工作的单价，应按照成本加利润的原则，参照投标人报价时的水平合理商定或确定。

对于一些规模较小的变更工程，双方认为有必要和可取，也可以采取计日工的方法进行。

（4）索赔费用

①施工索赔确认的三大条件

第一，索赔事件发生是非承包商的原因。由于发包人违约、发生应由发包人承担责任的特殊风险或遇到不利的自然灾害等情况。

第二，索赔事件发生确实使承包商蒙受了损失。

第三，索赔事件发生后，承包商在规定的时间范围内，按照索赔的程序，提交了索赔意向书及索赔报告。

②索赔费用的处理程序

首先，承包人应送交监理人一份说明索赔款额的具体细节账目，并说明索赔所依据的理由；若承包人未能在规定的时间内将上述证实资料送交监理人，则不予受理。

其次，监理人应对承包人提供的索赔证据和细节账目等有关资料进行审查核实，在与发包人和承包人协商后，确定承包人有权得到的全部或部分的索赔款额。

最后，以"中期付款证书"的形式进行支付，支付货币与其他支付项目相同。

③索赔金额和工期的计算

第一，索赔金额的计算。

A. 实际费用法：按照引起损失的干扰事件，及这些事件所引起损失的费用项目，分别分析计算索赔值的方法。

B. 总费用法。

$$索赔费用 = 实际总费用 - 投标报价估算总费用$$

C. 修正的总费用法。

a. 将计算受影响时段局限于受外界影响的时间。

b. 只计算受影响时段内的某项工作所受影响的损失。

c. 与该项工作无关的费用不列入总费用中。

d. 对投标报价费用重新进行核算。

$$索赔金额 = 某项工作调整后的实际总费用 - 该项工作的报价费用$$

第二，工期的计算。

A. 网络分析法：结合网络计划计算工期索赔值，最科学合理，见图7-1。

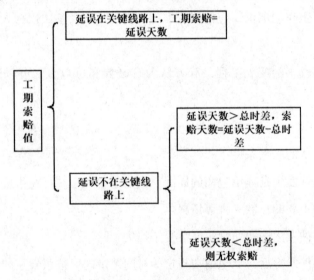

图7-1　工期索赔值框图

B. 比例计算法：适用工程量增加时工期索赔的计算，最简单。

a. 按合同价所占比例：

$$工期索赔值 = \frac{额外增加的工程量的价格}{原合同总价} \times 原合同总工期$$

b. 按单项工程拖延平均值。

（5）价格调整

价格调整是指物价波动引起的价款调整，超过承包人承担的价格波动风险时，按合同约定进行调整。

①操作要领

第一，价格调整要与计价风险结合理解。

第二，材料、设备价格调整有约定从约定，无约定按法定。

第三，工期延误引起的价格调整，无责方得益。

②价格调整的内容

价格调整主要包括两方面：

第一，工程施工中所需要耗用的主要和大宗材料。对这一部分的价格要按合同条件给定的公式准确计算调价费用。

第二，后继的法规及其他有关政策改变而产生的费用。

将上述两方面费用计算出来后，在同期"中期支付证书"中支付。

③价格调整方法

第一，价格指数调整法、造价信息调整价格差额法。

指数是指某一个时期的数值对该数的基数之比。价格指数是用来表达某种价格上涨或下降的一种统计指标，一般由代表官方的权威机构发布。

第二，实际价格调整法。

实际价格调整法是根据地方劳力和规定的材料等基本价格与现行价格之差来进行调整，通常称为票证法。这里的基本价格意指投标截止日前 28 d 的材料价格，现行价格指在提交标书后，工程实施中采购材料的价格。

第三，调价文件计算法。

发包人应承担 5% 以外的材料价格风险，10% 以外的施工机械使用费的风险；承包人可承担 5% 以内的材料价格风险，10% 以内的施工机械使用费的风险。

④调值公式法

①③④是规定一种或几种固定的公式，把全部合同价格分成若干组成部分，然后按各部分的价格指数进行综合调整，通常称之为公式法。

公式法比票证法具有更好的操作性，因为公式法的数字均可从现有的合同中获得，而影响调价的基本数据——物价指数一般又来自官方材料，公布指数的时间相对固定，比如我国目前由国家统计局每年公布一次，因而调价时间也就比较固定。

价格调整计算的通式：

$$A_{\mathrm{DJ}} = L_{\mathrm{CP}}(\text{或} F_{\mathrm{CP}}) \times \left[\left(C_0 + \sum C_i D_i\right) - 1\right] \qquad (\text{式 7-2})$$

式中：A_{DJ}——合同价格调整的净值；

L_{CP} 或 F_{CP}——参与调价的阶段完成工作量金额的当地货币或外国货币部分，例如我国获得的世行贷款项目中 L_{CP} 为人民币元、F_{CP} 为外汇美元；

C_0——非调价因数；

C_i——参与调价的第 i 个工料机指标（如水泥）的费用占合同价的百分比（权重系数）；

D_i——第 i 个工、料、机指标的现价指数与基价指数的比值，其值大于 1 说明物价上涨；反之，说明物价下跌。

（6）拖期违约损失偿金

①时间自有关的竣工日期起到合同工程或某区段或某单项工程的交接证书中写明的竣工日期止（实际工期—合同工期—批准的延长工期），按天计算，不足一天按比例计。

②拖期违约损失偿金的限额

通常规定，每拖期一天，赔偿合同价的 0.01%~0.05%，京津塘高速公路和济青高速公路都采用了 0.05% 的额度，但赔偿总额不应超过合同价的 10%，这些都由投标书附件做出明确规定。

③费用支付

拖期违约损失偿金可从承包人的履约保证金或中期支付证书中扣除，公路工程项目一般采用从中期支付证书中扣除的方式，但此项扣除不应解除承包人对完成该项工程的义务或合同规定的其他义务和责任。

（7）提前竣工奖金

为了调动承包人的积极性，使其合理地加快工程进度，从而提前完成工程施工，使发包人提早受益，因此在合同条件中设立了与拖期违约损失偿金相对应的一个支付项目，即提前竣工奖金。

（8）迟付款利息

按照投标书附录中规定的利率，从规定的付款截止日期起至恢复付款日止，按复利计算利息。计算公式：

$$\text{迟付款利息} = P \times \left[(1 + r)^n - 1\right] \qquad (\text{式 7-3})$$

式中：P——迟付的人民币或外币数额；

r——日利率；

n——迟付款天数。

二、工程计量支付的管理

（一）计量形象图

道路工程的计量形象图一般可分为总体形象图和单项形象图两种，总体形象图通常包括平面形象图和纵断形象图。

1. 平面形象图

平面形象图应在可以标注尺寸的平面图上绘制。为了清楚明了，纵、横坐标可以采用不同的比例，或采用示意的方式。

根据工程量清单中的项目，公路工程的平面形象图包括以下内容：

①清理场地，移去表土及挖根的范围。

②取土坑、堆料场的位置及运输路线。

③涵洞、通道及桥梁平面位置及规模。

④结构物、线路变更位置与规模。

⑤植草皮的位置及范围。

⑥通信管理，中央分隔带的铺砌。

⑦钢护栏的位置和范围。

⑧隔离栅及线外工作。

⑨软基处理的段落和方式。

⑩电话平台的位置和数量。

2. 纵断形象图

纵断形象图采用纵横不同的比例，把在平面形象图中无法显示的内容在纵断形象图中表示出来，它与平面形象图构成一个整体，表示出各个进行计量的部位。因此，纵断形象图应当与平面形象图绘制在同一图上，互为对应，相互补充。纵断形象图包括以下内容：

①各段土方分层填筑情况。

②软基处理、砂垫层厚度及塑板桩长度。

③涵洞、通道及桥梁位置。

④结构物变更位置。

⑤路面的底基层、基层、下面层、中面层、上面层的计量情况。

3. 单项工程形象图

在总体形象图中，有些计量部位，特别是桥梁工程，无论是在平面形象图中或在纵断面形象图中都难以表示出来，因此需要绘制单项工程形象图，作为总体形象图的补充。桥梁工程单项形象图表示以下各部位：

①灌注桩、承台、盖梁位置和数量。

②桥面板的位置和数量。

③桥面铺装及伸缩缝。

④栏杆安装。

（二）计量记录

计量记录与档案是计量管理中的一个重要内容，对于公路工程大型的复杂项目，要进行多次计量，将形成一系列的计量资料，只有在完善计量记录的基础上加强对计量的档案管理，才能使项目的计量工作顺利完成。

为了便于合同管理，正确评价工程和查询交流计量工作，必须加强工程计量（中间计量）档案管理。

计量应根据合同的要求做好记录。符合要求的记录应能说明哪些已经计量，哪些尚未计量；哪些已经签发支付证书，哪些尚未签发证书。计量时承包人、监理人还应完成以下工作：

①应有一套图纸。用彩笔将所进行的工程的位置在图纸标示出来，并在适当的位置做详细补充说明，如工程的开始、结束及几何尺寸等数据，这将有利于做好计量记录。

②应有一套档案。包括计量证书的号码及所计量的数据。所有计量证书必须是承包人和监理人共同签署的，只有这样才能作为支付的凭证，防止超计、漏计现象发生，减少由于计量不规范而产生的纠纷。

③记录工程量清单中所列出的分类细目的数量与计量后数量的差异及双方同意的任何进度支付证书应付的款项。

④对计日工应记录在有号码的计量证书上，并由承包人代表及监理人共同签名。

计日工应详细记录以下内容：

第一，记录已指令进行的这项计日工的估计数量和付款额（已获同意），记录计日工已完成的数量及付款金额。

第二，如果计日工的时间超过一个月，应在暂时计量单上计账，并在计量证书上另立系列号码，这些记录应与累计账册一同归档；记录已同意的计日工单价，付款的金额，付款报表号码。

第三，工程变更应记录已下达的变更指令依据，已同意的单价和价格调整，增加费用的计量证书应另编系列号码分开存档。

第四，对于现场存放的材料应每月计量记录一次，其计量表中应记录已发到现场的材料的种类和数量及这些材料的发票面值；已计量的数量应记录每一次报表中的预付金额及回收金额，材料计量证书应另编系列号码，并应与发票及所有材料的累计账册一同归档。

（三）计量分析

为了搞好计量的管理工作，除明确分工和加强记录与档案的管理外，还应加强计量分析，一方面及时发现计量工作中的问题，另一方面及时掌握工程进度，为进度管理和费用支付提供基本依据。

为了便于计量的分析和管理，计量的表格应统一，使其标准化和规范化，监理人应该设计好计量表格让承包人计量的人员按此填写，便于采用计算机辅助计量和进行计量分析。

计量分析时，一方面应对照原工程量清单和设计图纸进行分析，将实际工程量与清单工程量进行对比，发现偏差并分析偏差的原因；另一方面以计量的工程量为依据，计算出实际进度，将实际进度与批准的计划进度比较，发现进度偏差并找出原因，从而采取措施改进。

如预付款拨付与扣还。

1. 拨付（预收）

拨付金额可以按影响因素考虑主要材料（包括外购构件）占合同造价的比重、材料储备期和施工工期等因素，按下式计算：

预付款 = 年度计划工作量 × 材料费占造价的比重 × 材料储备期／年度施工天数

（式 7-4）

2. 扣还

承包人对预付款只有使用权，没有所有权。它是发包人为保证施工生产顺利进行而预交给承包人的一部分垫款。当施工到一定程度后，材料和构配件的储备量将减少，需要的工程备料款也随之减少，此后办理工程价款结算时，应开始扣还预付款。扣还以冲减工程结算价款的方法逐次抵扣，工程竣工前全部扣完。

预付款的起扣点：预付款开始扣还时的工程进度状态。

确定预付款起扣点的原则可以按未完工程所需主要材料和构件的费用，等于工程备料款的数额。预付款的起扣点有以下两种表示方法：

①累计工作量起扣点：用累计方法完成建筑安装工作量的数额表示。

按累计工作量确定起扣点时，预付款的起扣点可按公式（$T = P - M/N$）（式7-5）计算。

②工作量百分比起扣点：用累计完成建筑安装工作量与承包工程价款总额的百分比表示。

在实际经济活动中，情况比较复杂，有些工程工期较短，就无须分期扣回；有些工程工期较长，如跨年度施工，在上一年预付备料款可以不扣或少扣，并于次年按应付预付款调整，多退少补等。

参考文献

[1] 韩作新，冯子强. 公路路基路面工程施工作业指导书 ［M］. 成都：电子科技大学出版社，2017.

[2] 钱治国，路兆印. 东昌高速公路赣江特大桥施工技术总结 ［M］. 北京：中国铁道出版社，2017.

[3] 彭军龙. 公路工程设计施工总承包模式管理方法论 ［M］. 北京：北京邮电大学出版社，2017.

[4] 宋海涛，刘国祯. 公路交通安全及附属工程施工作业指导书 ［M］. 成都：电子科技大学出版社，2017.

[5] 王秀敏，葛宁. 公路工程施工组织与管理 ［M］. 天津：天津大学出版社，2018.

[6] 严战友，崔冬艳，夏勇. 山区高速公路施工安全与管理 ［M］. 成都：西南交通大学出版社，2018.

[7] 高峰. 公路施工组织实务 ［M］. 北京：北京理工大学出版社，2018.

[8] 李宽. 公路工程项目管理 ［M］. 武汉：华中科技大学出版社，2018.

[9] 乔小兵，康宏伟. 沥青路面施工管理指南 ［M］. 北京：中国建材工业出版社，2018.

[10] 史建峰，陆总兵，李诚. 公路工程与项目管理 ［M］. 北京：九州出版社，2018.

[11] 朱睿，田永许. 路桥施工技术与项目管理 ［M］. 北京：中国纺织出版社，2018.

[12] 杨彦海，杨野. 公路路面养护技术 ［M］. 沈阳：东北大学出版社，2018.

[13] 张志国，刘亚飞. 土木工程施工组织 ［M］. 武汉：武汉大学出版社，2018.

[14] 李国强，魏茸，李宗运. 公路桥梁与施工管理 ［M］. 北京：中国原子能出版社，2019.

[15] 李涛，冯虎，王理民. 公路施工与养护管理基础工作研究 ［M］. 长春：吉林科学技术出版社，2019.

[16] 任传林，王轶君，薛飞. 公路工程施工技术 ［M］. 长春：吉林科学技术出版社，2019.

[17] 张少华. 公路桥梁工程与项目管理 ［M］. 北京：北京理工大学出版社，2019.

[18] 汪双杰，刘戈，纳启财. 多年冻土区公路工程施工关键技术 ［M］. 上海：上海科学技术出版社，2019.

[19] 王奎生，罗鸿，武文婕. 公路工程管理 [M]. 长春：吉林科学技术出版社，2019.

[20] 郝铭. 公路工程施工技术与质量控制 [M]. 北京：北京工业大学出版社，2019.

[21] 任均华. 公路工程建设项目管理 [M]. 济南：山东大学出版社，2019.

[22] 刘相龙，高文彬. 公路桥梁施工组织与养护管理 [M]. 北京：中国原子能出版社，2020.

[23] 刘勇，郑鹏，王庆. 水利工程与公路桥梁施工管理 [M]. 长春：吉林科学技术出版社，2020.

[24] 卢利群，高翔. 公路工程文明施工指南 [M]. 成都：西南交通大学出版社，2020.

[25] 徐静涛. 公路工程施工监理 [M]. 2 版. 北京：北京理工大学出版社，2020.

[26] 武彦芳. 公路工程施工组织设计 [M]. 重庆：重庆大学出版社，2020. 07.

[27] 葛明元. 公路建设与项目管理 [M]. 长春：吉林科学技术出版社，2020.

[28] 吴留星. 公路桥梁与维修养护 [M]. 北京：中国纺织出版社，2020.

[29] 李书艳. 道桥工程施工组织与管理 [M]. 北京：北京理工大学出版社，2020.

[30] 王旻，张振和. 图解公路工程施工技术 [M]. 北京：机械工业出版社，2020.

[31] 孙永军，林学礼，曲明. 公路桥梁工程与施工管理 [M]. 长春：吉林科学技术出版社，2021.

[32] 李海贤，杨兴志，赵永钢. 公路工程施工与项目管理 [M]. 长春：吉林科学技术出版社，2021.

[33] 马波，陈大学，黄裕群. 公路工程施工技术与管理研究 [M]. 北京：文化发展出版社，2021.

[34] 刘壮志. 公路工程施工管理与应用探究 [M]. 北京：北京工业大学出版社，2021.

[35] 冯少杰，高辉，孙成银. 公路桥梁隧道施工与工程管理 [M]. 长春：吉林科学技术出版社，2021.

[36] 陈春玲，刘明，李冬子. 公路工程建设与路桥隧道施工管理 [M]. 汕头：汕头大学出版社，2021.

[37] 谢兴华. 成乐高速公路扩改施工交通安全管理 [M]. 成都：西南交通大学出版社，2021.

[38] 王磊. 公路工程施工与建设 [M]. 长春：吉林科学技术出版社，2021.

[39] 李燕鹰，张爱梅，钱晓明. 公路桥梁工程施工与养护技术 [M]. 长春：吉林科学技术出版社，2021.

[40] 彭东黎. 公路工程招投标与合同管理 [M]. 3 版. 重庆：重庆大学出版社，2021.